Andreas Kämmerle, Jürgen G. Kerner

Praxisleitfaden
Qualitätsverbesserung – Strategien & Werkzeuge

4. Auflage Januar 2001

Andreas Kämmerle, Jürgen G. Kerner

Europäisches Institut zur Zertifizierung von Managementsystemen und Personal
Ein Institut der Steinbeis-Stiftung für Wirtschaftsförderung

EQ ZERT
Auchertwiesenweg 5
D-89081 Ulm
Fon: (07 31) 9 36 64-0
Fax: (07 31) 9 36 64-40
E-Mail: eqzert@t-online.de
Internet: www.eqzert.de

Herausgeber:
Steinbeis-Stiftung für Wirtschaftsförderung
Haus der Wirtschaft, Willi-Bleicher-Straße 19, 70174 Stuttgart, Postfach 10 43 62, 70038 Stuttgart
Fon: (07 11) 18 39-5, Fax: (07 11) 2 26 10 76, Internet: www.stw.de, E-Mail: stw@stw.de

Ein Unternehmen der Steinbeis-Stiftung - Vorstandsvorsitzender: Prof. Dr. Johann Löhn

ISBN 3-9806293-4-1

Inhalt

Was bedeutet Kontinuierliche Verbesserung ?
Wie werden Qualitätsverbesserungsprojekte erfolgreich durchgeführt ?
Welche Werkzeuge unterstützen die Projektarbeit ?
Was muss ein Qualitätsmanager über Qualitätsverbesserung wissen ?

Dieser Praxisleitfaden gibt Antworten.

1 Grundlagen Qualitätsverbesserung

1.1 Qualitätsmanagement und Qualitätsverbesserung

Funktionierende Qualitätsmanagementsysteme unterliegen ständigen Veränderungen. Diese Veränderungen werden sowohl von interner Seite (Neue Zielsetzung, erweiterte Geschäftstätigkeit, organisatorische Veränderungen) als auch von externer Seite (Gesetzgeber, Kunde, Lieferant) aus angeregt.

Die nachfolgenden Ausführungen sollen Anregungen geben, wie diese Veränderungen systematisch und effektiv in Form von Verbesserungsprojekten durchgeführt werden können. Die Art dieser Veränderung wird nachfolgend Qualitätsverbesserung genannt.

1.2 Allgemeines

Kundenzufriedenheit und kontinuierliche Qualitätsverbesserung sollten die grundlegenden Ziele einer jeden Organisation sein. Dies erfordert die Schaffung geeigneter Rahmenbedingungen in Form eines Systems zur Qualitätsverbesserung.

Die Gestaltung eines solchen Systems ist von Organisation zu Organisation unterschiedlich und hängt von Faktoren ab wie z.B. Größe der Organisation sowie Art und Komplexität der angebotene Produkte und Dienstleistungen. Mitte der 80er Jahre versuchten viele europäische Unternehmen, Managementphilosophien und -strategien aus Japan nach Europa zu transferieren. Der von den Unternehmen erwartete Erfolg blieb in den meisten Fällen aus, da diese Denkweisen, aufgrund der verschiedenen Mentalität der Mitarbeiter, oft keine Akzeptanz fanden.

Innovation und Kontinuierliche Verbesserung

Organisationen müssen sich weiterentwickeln, um den ständig wachsenden Anforderungen des Marktes gerecht zu werden. Dies wird erreicht durch eine Kombination aus Innovation und Kontinuierlicher Verbesserung. Innovation bedeutet hierbei die Weiterentwicklung in großen Schritten durch Entwicklung neuer Produkte, neuer Verfahren und neuer Technologien. Die kontinuierliche Verbesserung dagegen ist die Weiterentwicklung, die sich aus der Vielzahl kleiner Verbesserungen ergibt.

1.3 Korrekturmaßnahmen und Vorbeugungsmaßnahmen

Korrekturmaßnahmen sind Tätigkeiten zur Ermittlung und Beseitigung einer Ursache eines vorhandenen Fehlers. Ziel ist es hierbei, durch das Einleiten geeigneter Maßnahmen ein erneutes Auftreten des Fehlers zu verhindern.

Vorbeugungsmaßnahmen sind Tätigkeiten zur Vermeidung eines möglichen Fehlers. Ziel ist dabei, durch Veränderung einer bestehenden Situation das Entstehen eines Fehlers zu verhindern.

Qualitätsverbesserung sollte im Schwerpunkt auf dem ständigen Suchen nach Möglichkeiten für Verbesserungen basieren (Vorbeugungsmaßnahmen). Abwarten, bis ein Problem eine Gelegenheit für Qualitätsverbesserung erkennen lässt (Korrekturmaßnahmen), sollte vermieden werden.

Beispiel 1: Ein Außendienstmitarbeiter verschuldete bei der Heimfahrt einen Auffahrunfall mit dem PKW. Ursache des Unfalls waren Konzentrationsprobleme durch Übermüdung.

Fehlerlenkung:

- ✓ Abholung des Außendienstmitarbeiters am Unfallort
- ✓ Reparatur des Fahrzeugs

Korrekturmaßnahme:

- ✓ Veröffentlichung eines Beitrags in der Firmenzeitschrift über den Unfall inkl. Darstellung von Gefahren und möglichen Konsequenzen durch Übermüdung im Straßenverkehr
- ✓ Aufnahme des Themas "Fahrtzeiten und gesetzliche Bestimmungen" als fester Bestandteil der jährlichen Außendienstmitarbeiterschulung

Beispiel 2: Bei einem Internen Audit wurde festgestellt, dass die Sicherungskopien der EDV-Daten im Brandfall nicht geschützt sind. Bisher gab es noch keinen Verlust von EDV-Daten verursacht durch eine unsachgemäße Lagerung der Sicherungskopien.

Vorbeugungsmaßnahme:

- ✓ Anschaffung eines Safes, der einen ausreichenden Feuerschutz bietet
- ✓ Externe Aufbewahrung der Monats-Sicherungskopie im Bankschließfach der Hausbank

1.4 Funktion der obersten Leitung

Schaffung eines Umfeldes für Qualitätsverbesserung

✓ Qualitätsverbesserungsziele festlegen
Qualitätsverbesserungsziele sollten überall in der Organisation festgelegt werden und so definiert sein, dass der Fortschritt gemessen werden kann. Sie sollten klar verständlich, herausfordernd und sachdienlich sein. Qualitätsverbesserungsziele sollten die sich ändernden Erwartungen der Interessenpartner der Organisation widerspiegeln und regelmäßig einem Review unterzogen werden.

✓ Mitarbeiter zur Qualitätsverbesserung motivieren
Den Mitarbeitern sollte das Gefühl gegeben werden, dass Maßnahmen zur Qualitätsverbesserung erwünscht und auch erwartet werden.

✓ Schulung und Training ermöglichen und fördern
Die effektive und erfolgreiche Durchführung von Qualitätsverbesserungsprojekten erfordert entsprechend qualifizierte Mitarbeiter.

✓ Personelle Mittel bereitstellen
Die oberste Leitung sollte sicherstellen, dass Know-how und Zeit in angemessenem Umfang vorhanden sind, um Qualitätsverbesserungsprojekte kompetent durchführen zu können.

✓ Materielle Mittel bereitstellen
Verbesserungsmaßnahmen können Investitionen erfordern. Erforderliche Mittel sollten bereitgestellt werden, wenn die erforderliche Investition durch eine im Vorfeld durchgeführte Kosten-/Nutzenbetrachtung begründet werden kann.

✓ Offenen Informationsaustausch mit Zugang zu Informationen und Daten ermöglichen
Transparenz ist eine Grundvoraussetzung für den Erfolg eines Qualitätsverbesserungssystems hinsichtlich der Motivation der beteiligten Mitarbeiter sowie bzgl. Verfolgung und Beurteilung der eingeleiteten Maßnahmen.

✓ Qualitätsverbesserungsmaßnahmen verfolgen
Die oberste Leitung sollte sich regelmäßig über Status und Erfolg der durchgeführten Qualitätsverbesserungsprojekte informieren. Hierdurch wird die Bedeutung des internen Qualitätsverbesserungssystems hervorgehoben und die Motivation der beteiligten Mitarbeiter gefördert.

Pläne zur Qualitätsverbesserung

Für die Umsetzung der Qualitätsverbesserungsziele sollten innerhalb der Geschäftsplanungszyklen Pläne entwickelt werden, um ein systematisches Vorgehen bei der Realisierung dieser Ziele zu gewährleisten. Diese Pläne sollten die wichtigsten qualitätsbezogenen Verluste berücksichtigen und für alle Funktionen und alle Hierarchie-Ebenen der Organisation erstellt werden.

Stand der Qualitätsverbesserung verfolgen

Folgende Punkte sollten überwacht und bewertet werden:

- ✓ sind die durchgeführten Verbesserungsaktivitäten ausreichend, um in Summe die gewünschte Verbesserungsleistung zu erhalten ?
- ✓ werden die laufenden Qualitätsverbesserungen entsprechend der Planung (Termin, Zielsetzung) durchgeführt ?
- ✓ stehen die für die Durchführung der Qualitätsverbesserungstätigkeiten eingesetzten Mittel in einem angemessenen Verhältnis zu dem erzielten Nutzen ?
- ✓ beteiligen sich alle Bereiche der Organisation an dem Verbesserungsprozess ?

Managementbewertung und Qualitätsverbesserung

Die oberste Leitung von Organisationen, die über ein funktionierendes Qualitätsmanagementsystem nach einem Modell der ISO 9000 verfügen, führt regelmäßig Managementbewertungen zur Ermittlung der Effektivität des Managementsystems durch. Aus diesen Managementbewertungen resultieren in der Regel eine aktuelle Situationsbeurteilung (Bewertung hinsichtlich Erreichung der bisherigen Organisationsziele), ein aus dieser Beurteilung abgeleiteter Maßnahmenplan sowie die Aktualisierung der Organisationsziele.

Die Managementbewertungen und die Festlegung von Qualitätsverbesserungszielen sowie die dazugehörigen Pläne sollten unbedingt zusammenhängend betrachtet werden. Weitere Verbindungen bestehen zu der Berichterstattung des Qualitätsbeauftragten an die oberste Leitung und zum internen Auditsystem.

1.5 Qualitätsbezogene Verluste

Arten	Beispiele
Unzufriedenheit bei Kunden	✓ Die Betriebsanleitung ist unverständlich – viele Kunden reklamieren das neu erworbene Gerät ✓ Das neue Produkt zeigt bereits nach wenigen Anwendungen deutliche Verschleißerscheinungen – der Kunde entscheidet sich beim nächsten Kauf für ein Konkurrenzprodukt ✓ Der OP-Eingriff wird den Patienten nur kurz und oberflächlich erläutert – die Patienten sind verunsichert und geben ihre negativen Erfahrungen über diese Einrichtung weiter
Unzufriedenheit bei Mitarbeitern	✓ Aufgrund von Informationsdefiziten herrscht ein schlechtes Betriebsklima – die Mitarbeiter arbeiten unmotiviert und uneffektiv ✓ Den Mitarbeitern werden keine persönlichen Perspektiven aufgezeigt – qualifizierte Mitarbeiter wandern ab ✓ Mitarbeitern werden Aufgaben und Verantwortung, jedoch keine Kompetenzen übertragen – keine Risikobereitschaft
Defizite in der Organisation	✓ bei allen Bestellvorgängen sind mehrere Bereiche eingebunden, obwohl einfache Bestellungen auch von einer Person ausgeführt werden könnten – hohe Bearbeitungsdauer ✓ bei Entwicklungsprojekten werden die Entwicklungsvorgaben nur unzureichend festgelegt – es sind immer zahlreiche Nachbesserungen des Ergebnisses erforderlich ✓ Die Prozesse zur Auftragsabwicklung haben zu viele Schnittstellen – es gehen wichtige Informationen verloren
Verschwendung von Mitteln und Material	✓ Besprechungen beginnen immer verspätet – die rechtzeitig erschienenen Teilnehmer vergeuden unnötig Zeit ✓ Veraltete und schlechte Regelung der Heizung – der Energieverbrauch ist ungewöhnlich hoch ✓ Mitarbeiter werden nicht bedarfsorientiert geschult – durchgeführte Schulungen haben wenig Nutzen für das Unternehmen – wichtige Schulungen werden nicht durchgeführt

1.6 Messung von qualitätsbezogenen Verlusten

Eine Organisation sollte ein Mess- und Informationssystem einrichten, um den Umfang an qualitätsbezogenen Verlusten zu erfassen. Dieses Mess-System sollte geeignet sein, um Möglichkeiten zur Qualitätsverbesserung zu ermitteln und Ergebnisse aus Qualitätsverbesserungsprojekten bewerten zu können.

Die Messungen von qualitätsbezogenen Verlusten sollten objektive Daten und Informationen liefern. Solche Informationen können aus z.B. folgenden Quellen gewonnen werden:

Qualitätsbezogene Verluste hinsichtlich der Unzufriedenheit von Kunden:

- ✓ Informationen aus Umfragen bei bestehenden und potentiellen Kunden
- ✓ Vergleiche mit Konkurrenzprodukten und -dienstleistungen aus Kundensicht
- ✓ Entwicklung der Umsatzzahlen
- ✓ Aufzeichnungen von Routineprüfungen durch Kundendienstpersonal
- ✓ Ergebnisse von Auswertungen von Kundenreklamationen und -beanstandungen

Qualitätsbezogene Verluste hinsichtlich der Unzufriedenheit von Mitarbeitern:

- ✓ Ergebnisse aus Mitarbeiterbefragungen/-gesprächen
- ✓ Aufzeichnungen über Fluktuation und Krankheitsstand
- ✓ Anzahl von Bewerbungen auf offene Stellen
- ✓ Beteiligung an Weiterbildungen außerhalb der Arbeitszeit
- ✓ Anzahl angeregter/umgesetzter Verbesserungsvorschläge

Qualitätsbezogene Verluste hinsichtlich der Defizite in der Organisation:

- ✓ Auswertungen der im Rahmen von Korrekturmaßnahmen ermittelten Fehlerursachen
- ✓ Ergebnisse aus Umfragen bei Lieferanten, Mitarbeitern und Kunden
- ✓ Kennzahlen hinsichtlich der Produktivität
- ✓ Im Rahmen von Internen Audits ermittelte Verbesserungspotentiale

Qualitätsbezogene Verluste hinsichtlich der Verschwendung von Mitteln und Material:

- ✓ Gewinn- und Verlustrechnung
- ✓ Projekt- und Prozessanalysen
- ✓ Ergebnisse aus Internen Audits
- ✓ Untersuchungen des anfallenden Abfalls/Abwassers sowie der Luftemissionen (Abfälle können Stoffe sein, die ursprünglich teuer eingekauft wurden)

1.7 Qualitätsverbesserungsprojekte

Umfangreiche Qualitätsverbesserungsmaßnahmen, welche die Mitwirkung mehrerer Personen erfordern, sollten mit Hilfe einer geeigneten Systematik als Projekt definiert und entsprechend gelenkt werden.

Phase A Projektwahl

Aus einer systematischen Ermittlung von Gelegenheiten zur Qualitätsverbesserung resultiert meist eine größere Anzahl verschiedener Möglichkeiten. Da im Regelfall nicht alle umfangreichen Projekte gleichzeitig durchgeführt werden können, sollte die Reihenfolge der Einleitung nach z.B. folgenden Kriterien erfolgen:

✓ Kritizität der bestehenden zu verbessernden Situation

✓ Ausmaß der erreichbaren Qualitätsverbesserung

✓ Erforderliche und zur Verfügung stehende personelle und materielle Mittel

Einige Organisationen verfolgen die Idee, dass Mitarbeiter, die noch keine Erfahrung mit Qualitätsverbesserungsprojekten haben, erstmals mit einfachen und für die Praxis unkritischen Problemen betraut werden. Sie versprechen sich hiervon, dass der Erfolgsdruck auf die beteiligten Mitarbeiter geringer ist und der Lernprozess allgemein unterstützt wird. Qualitätsexperten raten von dieser Vorgehensweise ab, da eine geringe Bedeutung eines Qualitätsverbesserungsprojekts u.a. dazu führt, dass

✓ das Interesse an dem angestrebten Verbesserungsergebnis von vornherein gering ist, was eine negative Auswirkung auf die Motivation der Beteiligten hat,

✓ das Qualitätsverbesserungsprojekt nicht mit der erforderlichen Konsequenz und dem erhofften Einsatz durchgeführt wird, was zu einem unbefriedigenden Ergebnis führen kann.

Phase B Projektplanung

Bei der Planung von Qualitätsverbesserungsprojekten sollten folgende Schritte berücksichtigt werden:

✓ Ist-Zustand erfassen
Zu Beginn des Projekts sollte der aktuelle Stand hinsichtlich der Erfolgsparameter ermittelt werden. Hierbei sollte auch das für die Überwachung der Erfolgsparameter verwendete Mess-System hinsichtlich seiner Tauglichkeit kritisch geprüft werden, da sonst keine geeignete Bewertung der Projektergebnisse möglich ist.

✓ Projektziel festlegen
Das Ziel des Projekts sollte unter Angabe des zeitlichen Rahmens, des angestrebten Verbesserungsergebnisses (Erfolgsparameter) und der zur Verfügung stehenden Mittel festgelegt werden.

✓ Projektteam bestimmen
Bei der Auswahl des Projektteams sind folgende Punkte zu beachten:
- Anzahl der Teammitglieder begrenzen
  (weitere Experten können bei Bedarf im Laufe des Projektes hinzugezogen werden)
- jedes Teammitglied muss ein Interesse am Erfolg des Projektes haben
- Projektleiter (Moderator) benennen

✓ Projektplan erstellen
In einem Projektplan sollten die einzelnen Phasen des Projekts unter Angabe von Aufgaben, Verantwortlichkeiten und des zeitlichen Verlaufs beschrieben werden. Der Umfang des Projektplans ist abhängig von der Komplexität des Projekts, wobei in jedem Fall auch das Projektziel aufgezeigt und ggf. im Laufe des Projekts aktualisiert werden sollte. Neben den Projektphasen sind auch die vorgesehenen Zwischenpräsentationen zur Verfolgung der Verbesserungsergebnisse einzuplanen. Der Projektplan wird dann gemäß der aktuellen Situation ständig fortgeschrieben und aktualisiert.

Phase C Ursachenermittlung

Die möglichen Ursachen eines Fehlers oder möglichen Fehlers sollten ohne vorgefasste Meinung ermittelt werden, um möglichst alle Ansatzpunkte für eine Qualitätsverbesserung aufzuzeigen. In dieser Phase sollte unbedingt darauf geachtet werden, dass nicht über mögliche durchzuführende Maßnahmen, sondern zunächst nur über mögliche Ursachen diskutiert wird.

Da in der Regel nur wenige Ursachen für den Zustand einer Situation verantwortlich sind, muss im Rahmen des Projekts untersucht werden, welche Ursachen den größten Einfluss auf die aktuelle Situation haben. Hierbei gilt es auch, mögliche Wechselwirkungen zu berücksichtigen.

Phase D Einleiten von Maßnahmen

Auf Basis der ermittelten möglichen Ursachen werden entsprechende mögliche Maßnahmen im Projektteam erörtert. Aus diesem Pol möglicher Maßnahmen werden dann die tatsächlich einzuleitenden Maßnahmen ausgewählt und unter Angabe von durchzuführenden (Teil-) Aufgaben, Verantwortlichkeiten und Terminen geplant.

Phase E Überwachen der Maßnahmen

Während der Durchführung der festgelegten Maßnahmen, sollte deren Erfolg regelmäßig überprüft werden. Hierbei sollte in festgelegten Intervallen ein Abgleich zwischen dem Ist-Zustand zu Beginn des Verbesserungsprojekts, den Projektzielen und der sich neu eingestellten Situation erfolgen. So kann umgehend reagiert werden, wenn sich durch die eingeleiteten Maßnahmen nicht die gewünschten Veränderungen einstellen. Hierbei kann es erforderlich sein, in eine vorhergehende Projektphase zurückzukehren und z.B. weitere mögliche Ursachen zu ermitteln oder andere als die zunächst festgelegten Maßnahmen einzuleiten.

Phase F Aufrechterhalten des Erfolgs

Werden die Ergebnisse eines Qualitätsverbesserungsprojekts anhand von zuvor definierten Kriterien bewertet, können Nutzen und Erfolg des Projekts einfach bestimmt und aufgezeigt werden. Zur Aufrechterhaltung des Erfolgs ist es erforderlich, auch nach Abschluss eines solchen Projekts entsprechende Maßnahmen durchzuführen:

✓ betroffene weitere Verfahren und Schnittstellen anpassen

✓ entsprechende Anweisungen (z.B. Qualitätsmanagementhandbuch) und weiterführende Regelungen ändern

✓ den von den Änderungen betroffenen Personenkreis informieren bzw. schulen

✓ ein geeignetes Verfahren zur Überwachung des erreichten Erfolgs einführen

Die Durchführung von Maßnahmen zur Qualitätsverbesserung ist kein einmaliger Vorgang. Qualitätsverbesserung sollte als fester Bestandteil der täglichen Arbeit betrachtet werden.

Durchführung einfacher Qualitätsverbesserungsprojekte

Auch bei einfachen Qualitätsverbesserungsprojekten sollte eine geeignete Systematik zur Projektplanung und -verfolgung eingeführt werden. Entsprechend dem Umfang des Projekts können dann einzelne Projektphasen zusammengefasst bzw. vereinfacht werden.

Beispiel: Pünktlichkeit Bereichsleitersitzung

Phase	Beschreibung
A Projektwahl	Der Geschäftsführer ist verärgert, dass einige Teilnehmer an der monatlichen Bereichsleitersitzung ständig unpünktlich erscheinen – er startet ein „kleines" Verbesserungsprojekt
B Projektplanung	Erfolgsparameter: Pünktlichkeit Ist-Zustand: Sitzung beginnt mit über 20 min. Verspätung mit 80 % der Teilnehmer Projektziel: 100 % der Teilnehmer sind pünktlich zu Sitzungsbeginn anwesend Projektteam und Projektplan sind nicht erforderlich
C Ursachenermittlung	Mögliche Ursachen: 1. Die Teilnehmer gehen davon aus, dass die Sitzungen immer verspätet beginnen und möchten nicht auf andere Teilnehmer warten 2. Die Teilnehmer sind unter Zeitdruck 3. Die Einstellung bzgl. Pünktlichkeit ist unzureichend Relevante Ursachen: Ursache 1 und 3 werden als Hauptursachen angesehen
D Einleiten von Maßnahmen	Festgelegte Maßnahmen: ✓ Sitzungen beginnen in Zukunft pünktlich ✓ Verspätete oder nicht erschienene Teilnehmer werden im Sitzungsprotokoll aufgeführt ✓ Das Sitzungsprotokoll der nächsten Sitzung wird durch den letzten zu spät kommenden Teilnehmer erstellt Die Maßnahmen werden im Sitzungsprotokoll festgehalten.
E/F Überwachung der Maßnahmen und Aufrechterhalten des Erfolgs	Der Tagesordnungspunkt „Pünktlichkeit" wird zum festen Bestandteil des Sitzungsprotokolls. Entsprechende Feststellungen werden gemäß den definierten Verbesserungsmaßnahmen dort dokumentiert.

1.8 Methoden zur Qualitätsverbesserung

Die Anwendung von Methoden unterstützt eine gezielte und systematische Durchführung von Qualitätsverbesserungsprojekten/-tätigkeiten und ermöglicht eine nachvollziehbare und auf Zahlen, Daten und Fakten beruhende Entscheidungsfindung. Dies setzt voraus, dass die eingesetzten Methoden für den entsprechenden Anwendungsfall geeignet sind und korrekt angewendet werden.

Numerische und nicht-numerische Daten

Falls möglich, sollten Qualitätsverbesserungs-Entscheidungen auf numerischen Daten (Informationen) beruhen. Numerische Daten sind Daten in Zahlenform (1, 2, 3 ...), z.B. Umsatzzahlen, Fehlerquoten, Bearbeitungszeiten. Falls Daten nur in nicht-numerischer Form vorliegen, kann die Anwendung entsprechender Methoden Sammlung, Aufbereitung und Auswertung der vorliegenden Daten erleichtern und eine Entscheidungsfindung unterstützen.

Bei nicht-numerischen Daten handelt es sich um Informationen, die nicht zahlenmäßig definiert sind. Nicht-numerische Daten sind z.B. Ideen, Meinungen, Kundenaussagen oder Fehlerarten.

Auswahl von Methoden

Von guten und weniger guten Methoden zu sprechen ist fragwürdig. Es sollte vielmehr erörtert werden, ob eine Methode für einen bestimmten Anwendungsfall geeignet ist oder nicht. Für Mitarbeiter in Verbesserungsprojekten ist es daher wichtig, mehrere Methoden zu kennen, um für einen Anwendungsfall aus einem Pool von möglichen Methoden die jeweils geeignete(n) bestimmen zu können.

Methodenkompetenz

Die nachfolgend dargestellten Methoden bzw. Werkzeuge zur Qualitätsverbesserung sind einfach anzuwenden und die aus der Anwendung resultierenden Ergebnisse sind allgemein leicht verständlich. Die Erfahrung zeigt jedoch, dass auch solch einfache Methoden in der Praxis oft falsch bzw. uneffektiv eingesetzt werden.

Wie bei jedem Werkzeug hängt der Nutzen der Anwendung davon ab, wie sicher der Anwender damit umgehen kann. Unsicherheiten bei der Anwendung können dazu führen, dass der Einsatz eines falschen Werkzeugs oder der falsche Einsatz eines Werkzeugs den Ablauf eines Qualitätsverbesserungsprojekts behindert.

Nur wer über eine ausreichend umfangreiche Methodenkompetenz verfügt,

- ✓ kann die richtige Auswahl einer Methode für einen bestimmten Anwendungsfall treffen;
- ✓ wird einen deutlichen Nutzen aus der Anwendung der Werkzeuge zur Qualitätsverbesserung ziehen.

Über die Anwendung von Werkzeugen zur Qualitätsverbesserung sollte sich Gedanken machen, wer sich bei Besprechungen und Workshops darüber ärgert, dass

- ✓ auch lange Diskussionen zu keinem Ergebnis führen;
- ✓ immer im Kreis herum diskutiert wird;
- ✓ Missverständnisse die Diskussion behindern, da die Teilnehmer über einen unterschiedlichen Kenntnisstand verfügen;
- ✓ Entscheidungen nicht auf Basis von Fakten, sondern oft nur aus der Stimmung heraus getroffen werden.

Die nachfolgend betrachteten Methoden stellen eine Auswahl der in der Praxis häufig und erfolgreich angewendeten Werkzeuge zur Qualitätsverbesserung dar.

2 Werkzeuge für nicht-numerische Daten

2.1 Brainstorming

Brainstorming ist die Ermittlung von zahlreichen verschiedenen Ideen, Problemlösungen, Ansichten und Meinungen durch Beteiligung mehrerer Personen, die hinsichtlich des zu betrachtenden Themas über unterschiedliche Kenntnisse verfügen bzw. verschiedene Standpunkte und Interessengruppen vertreten. Hierfür gibt es verschiedene Möglichkeiten der Vorgehensweise, von denen nachfolgend eine häufig verwendete dargestellt wird.

Vorgehensweise

✓ Das zu untersuchende Thema festlegen

✓ Team und Moderator bestimmen
- die Teammitglieder sollten aus verschiedenen Bereichen stammen, um möglichst viele verschiedene Ideen, Ansichten und Meinungen zu erhalten
- der Moderator sollte neutral bzw. unvoreingenommen gegenüber dem zu betrachtenden Thema sein

✓ Individuelle Ideen, Ansichten und Meinungen sammeln
- Einigkeit über das Thema bei allen Teammitgliedern sicherstellen
- Karten an jedes Teammitglied verteilen (Anzahl ca. 5 – 8)
- Jedes Teammitglied notiert seine Ideen (pro Karte eine Idee)

Die von den Teammitgliedern bearbeiteten Karten werden vom Moderator eingesammelt und präsentiert, wobei jede Idee zugelassen werden muss. Die Aufbereitung des Ergebnisses kann dann z.B. in Form eines Verwandtschaftsdiagramms erfolgen.

Vorstellung der Ideen

Es ist auch möglich, im Anschluss an das durchgeführte Brainstorming, die ermittelten Ideen gemeinsam im Team zu betrachten, zu diskutieren und weiterzuentwickeln.

Mögliche Vorgehensweisen

1. Jeweils eine Idee (Karte) wird von den einzelnen Teammitgliedern vorgestellt und bei Bedarf diskutiert. Die vorgestellten Karten werden für jedes Teammitglied sichtbar an einer Wand angebracht. Dieser Vorgang wiederholt sich solange, bis keine Karte mehr vorhanden ist. Die Teammitglieder können während der Ideenvorstellung weitere Ideen entwickeln.

oder

2. Die Karten (Ideen) werden vom Moderator eingesammelt und vermischt. Im Anschluss werden die Ideen durch den Moderator vorgestellt und bei Bedarf diskutiert. Die weitere Vorgehensweise entspricht dann der oben beschriebenen. Dieses Vorgehen hat den Vorteil, dass die Ideengeber anonym bleiben können und deshalb auch Ideen kundtun, die evtl. für den Ideengeber ungewollte Diskussionen bedeuten könnten.

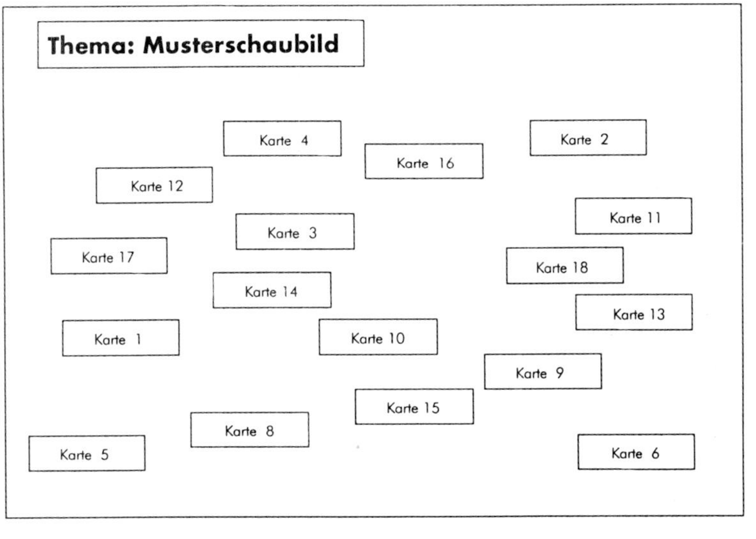

2.2 Verwandtschaftsdiagramm

Durch das Verwandtschaftsdiagramm bzw. Affinitätsdiagramm wird eine große Anzahl Ideen, Ansichten oder Meinungen zu einem vorgegebenen Thema wenigen Gruppen zugeordnet. Diese Methode wird häufig im Anschluss an ein Brainstorming angewendet, um die so gesammelten Informationen zu gruppieren. Das Ergebnis kann dann als Input für eine weitere Bearbeitung des betrachteten Themas dienen (z.B. zur weiteren Lösungs-/Ursachensuche).

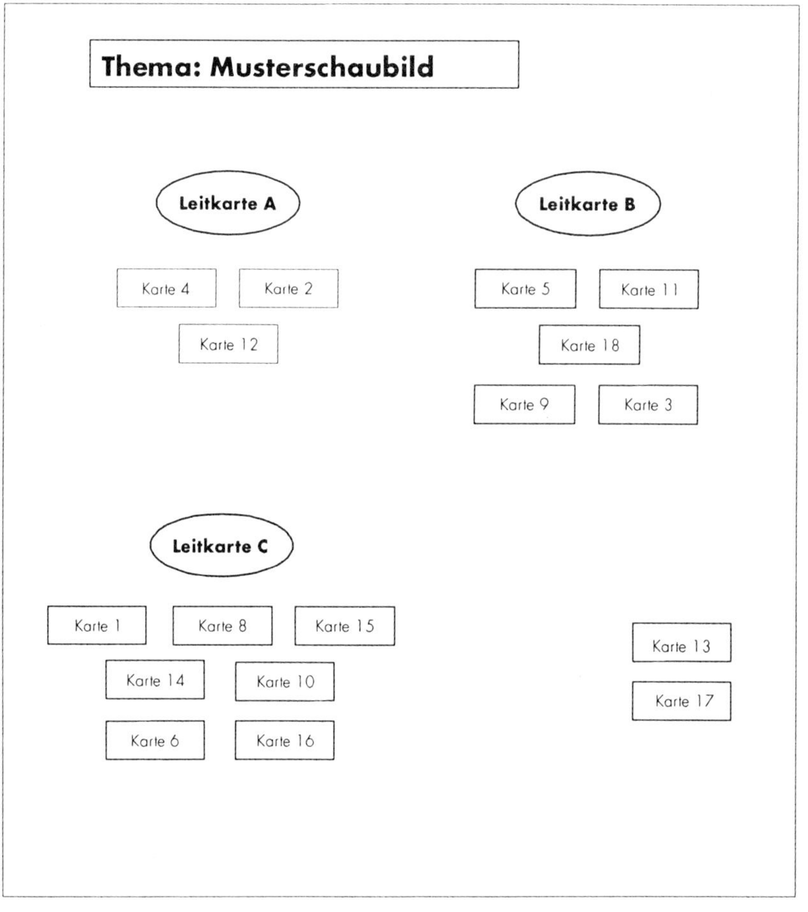

Vorgehensweise

✓ Das zu untersuchende Thema festlegen

✓ Team und Moderator bestimmen
- die Teammitglieder sollten aus verschiedenen Bereichen stammen, um möglichst viele verschiedene Ansichten und Meinungen zu erhalten
- der Moderator sollte neutral bzw. unvoreingenommen gegenüber dem zu betrachtenden Thema sein

✓ Individuelle Ideen, Ansichten und Meinungen sammeln
- Einigkeit über das Thema bei allen Teammitgliedern sicherstellen
- Karten an jedes Teammitglied verteilen (Anzahl ca. 5 – 8)
- Jedes Teammitglied notiert seine Ideen (pro Karte eine Idee)
- Karten nach Ablauf der vorgegebenen Zeit einsammeln und vermischen

Diese Schritte der Informationssammlung (Brainstorming) ist im Vorfeld der eigentlichen Erarbeitung des Verwandtschaftsdiagramms erforderlich. Die weiteren Schritte beschreiben die Erstellung des Verwandtschaftsdiagramms auf Basis der dann vorliegenden Informationen.

✓ Karten zuordnen
Die erste Karte wird auf einer Wand fixiert. Bei den weiteren Karten wird jeweils ermittelt, ob diese den bereits fixierten Karten zugeordnet werden kann, oder ob eine neue Gruppe gebildet werden soll.

✓ Leitkarten für die Gruppen bestimmen
Für jede ermittelte Gruppe von Karten wird eine Leitkarte (Überschrift) ermittelt. Die Leitkarte kann identisch mit einer bestehenden Karte aus der betreffenden Gruppe sein oder neu von dem Team definiert werden.

✓ Ergebnisse auf Papier übertragen

Beispiel: Checkliste Reisegepäck

In einer Kurklinik bemerken die Gäste nach ihrer Ankunft immer wieder, dass sie einige für den Aufenthalt wichtige Dinge zu Hause vergessen haben. Nun soll eine entsprechende Checkliste erstellt werden, die den Gästen im Vorfeld zugeschickt werden kann. Es wurde bereits ein Brainstorming durchgeführt, an dem sowohl Betreuer als auch Gäste beteiligt waren. In dem Brainstorming-Meeting wurden von den Beteiligten die als wichtig erachteten Dinge auf Karten notiert, die mit Hilfe des Verwandtschaftsdiagramms gruppiert werden können, um so eine geeignete Gliederung der Checkliste zu erreichen.

Ergebnis des durchgeführten Brainstormings

Ergebnis der Gruppierung in Form eines Verwandtschaftsdiagramms

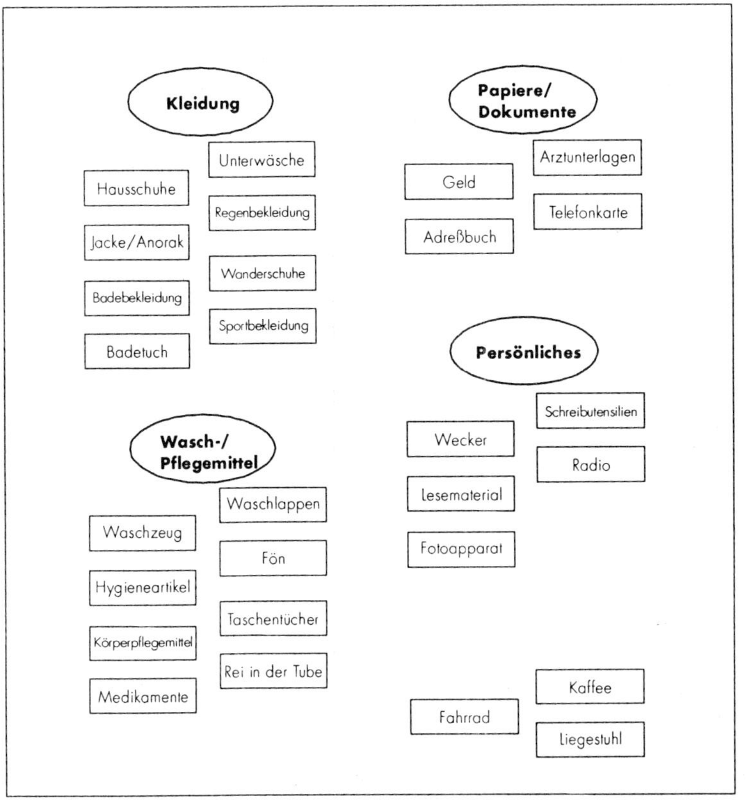

2.3 Baumdiagramm

Mit Hilfe des Baumdiagramms werden Themen, Aufgaben oder Prozesse in verschiedene Detaillierungsstufen gegliedert, wobei Zusammenhänge und Verbindungen zwischen den einzelnen Ebenen aufgezeigt werden. Mit dieser Methode können Teilmengen von komplexen Sachverhalten, Lösungsmöglichkeiten von Problemstellungen oder Einzelschritte von Prozessen systematisch ermittelt und transparent dargestellt werden, um eine Orientierungshilfe zu geben oder eine Entscheidungsfindung zu unterstützen.

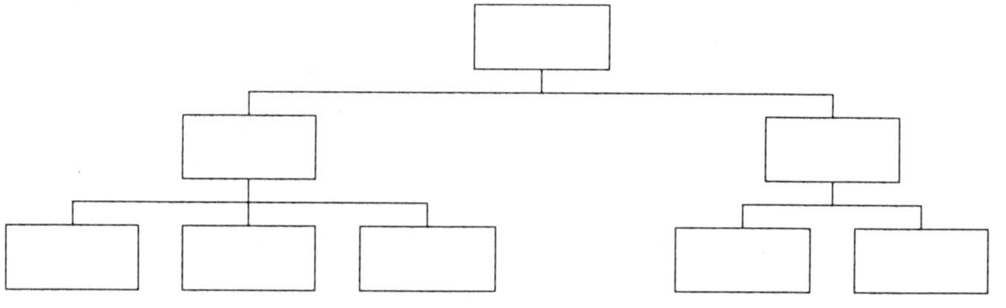

Vorgehensweise

✓ Basis (Thema, Aufgabe, Prozess,...) und Zielsetzung der Untersuchung eindeutig bestimmen

✓ Erste Detaillierungsstufe ermitteln und Übereinstimmung mit der Zielsetzung der Untersuchung prüfen

✓ Die weiteren Detaillierungsstufen ermitteln und den Elementen der jeweils vorherigen Stufe zuordnen

✓ Struktur und Verbindungen/Zuordnungen des Baumdiagramms prüfen und ggf. korrigieren

Beispiel: Strukturierte Übersicht Anlagemöglichkeiten

Die Private Altersvorsorge ist, angesichts ungewisser Rentenaussichten, zu einem aktuellen Thema geworden. Die Werbung bietet uns hierfür ein fast unüberschaubares Angebot an Möglichkeiten. Um Renditen und Risiken der verschiedenen Anlageformen zu ermitteln und zuzuordnen, können mit Hilfe des Baumdiagramms die verschiedenen Möglichkeiten detailliert und übersichtlich aufgezeigt werden.

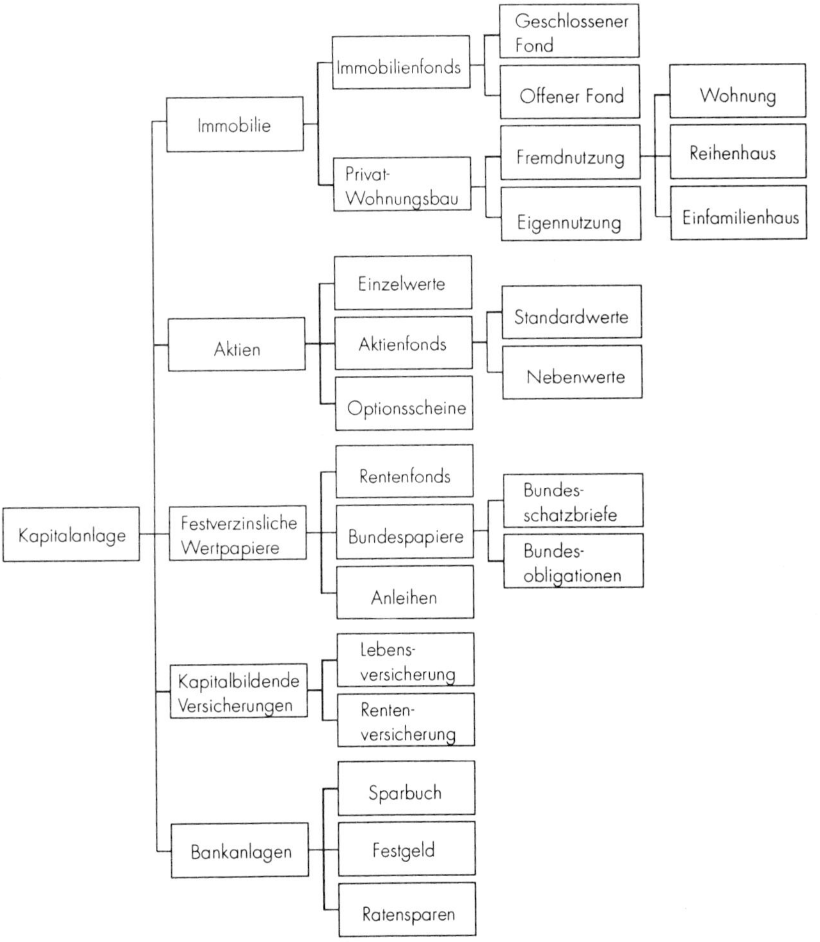

2.4 Ursachen- und Wirkungsdiagramm

Durch das Ursachen- und Wirkungsdiagramm werden mögliche Ursachen, welche zu einer bestehenden Situation bzw. Wirkung führen, nach vorgegebenen Kategorien ermittelt und anschaulich dargestellt. Das Ursachen- und Wirkungsdiagramm wird auch als Fischgräten-Diagramm oder Ishikawa-Diagramm bezeichnet.

Schwerpunkt des Ursachen- und Wirkungsdiagramms ist die systematische und vollständige Erfassung von möglichen Ursachen eines Problems. Durch die vorgegebene Struktur bietet es eine gute Diskussionsgrundlage, die bei allen Beteiligten zu einem besseren Verständnis der bestehenden Situation führt. Das Ursachen- und Wirkungsdiagramm zeigt keine direkten Handlungsansätze bzw. Lösungsmöglichkeiten auf, sondern dient dazu, eine Situation hinsichtlich Ursachen und Wirkung transparent und überschaubar darzustellen.

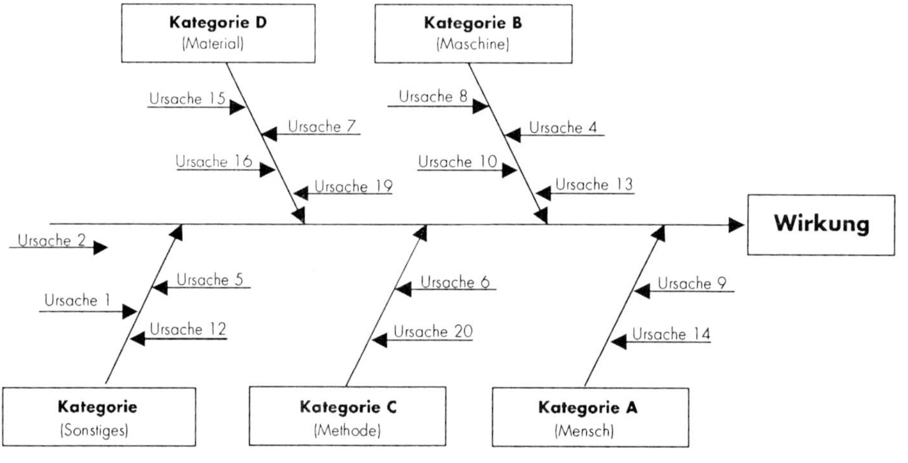

Vorgehensweise

✓ zu untersuchendes Problem (Wirkung) eindeutig definieren

✓ Brainstorming zur Ursachensuche durchführen
die 4-M-Checkliste kann hierzu Anregungen liefern, jedoch sollte die Ursachensuche nicht auf diese Checkliste beschränkt werden

✓ Hauptkategorien festlegen (z.B. die „4 M")
Mensch ..... Maschinenbediener, Rettungsfahrer, Bäcker
Maschine ..... Drehmaschine, Rettungsfahrzeug, Backofen
Methode ..... Drehvorgang, Erstversorgung, Brotrezeptur
Material ..... Rundmaterial, Erstversorgungsmittel, Backzutaten

Je nach Situation können weitere Kategorien definiert werden (z.B. Management, Messmittel, Mitwelt/Umgebungsbedingungen), die jedoch nicht unbedingt aus den bekannten „4-M-", „5-M-" oder auch „6-M-"Listen entnommen werden müssen.

✓ Mögliche Ursachen den Hauptkategorien zuordnen
- Hauptkategorien in Diagrammgerüst eintragen
- Mögliche Ursachen einzeln den Hauptkategorien zuordnen
- ggf. Unterkategorien bilden
- identische Ursachen aussortieren

Die 4-M-Checkliste

MENSCH

- Mitarbeiter
- Bedienpersonal
- ...

✓ Wird die Arbeit effektiv ausgeführt ?
✓ Ist die erforderliche Qualifikation vorhanden ?
✓ Ist eine ausreichende Erfahrung gegeben ?
✓ Besteht ausreichendes Verantwortungsbewusstsein ?
✓ Ist die Bereitschaft für Verbesserungen vorhanden ?
✓ Ist ein Problembewusstsein vorhanden ?
✓ Besteht die Fähigkeit im Team zu arbeiten ?
✓ Sind die Mitarbeiter gesund ?

MASCHINE

- Anlage
- Einrichtung
- Geräte
- ...

✓ Ist die Maschine für den vorgesehenen Einsatz geeignet ?
✓ Werden Wartungsmaßnahmen wie geplant durchgeführt ?
✓ Führen Störungen häufig zum Ausfall ?
✓ Ist ein Verfahren für den Fall einer Störung festgelegt ?
✓ Ist die Genauigkeit ausreichend ?
✓ Steht eine ausreichende Anzahl von Geräten zur Verfügung ?
✓ Ist der Arbeits-/Bedienerplatz für das Personal geeignet ?

MATERIAL

- Verbrauchsgüter
- Rohstoffe
- Hilfs-/Betriebsstoffe
- ...

✓ Ist die Qualität des Materials ausreichend ?
✓ Unterliegt die Qualität des Materials Schwankungen ?
✓ Ist die Haltbarkeit sichergestellt ?
✓ Kann das Material einfach verarbeitet werden ?
✓ Ist Transport und Lagerung des Materials korrekt ?
✓ Besteht eine Verwechslungsgefahr ?
✓ Ist die Materialverfügbarkeit gewährleistet ?

METHODE

- Organisation
- Verfahrenstechnik
- Prozess
- Ablaufgestaltung
- ...

✓ Gibt es geeignete Regelungen ?
✓ Ist die Methode gleichbleibend sicher ?
✓ Gewährleistet die Methode ein gutes Ergebnis ?
✓ Ist die Methode effizient ?
✓ Ist die Abfolge der einzelnen Arbeitsschritte sinnvoll ?
✓ Bestehen Gefahren hinsichtlich der Sicherheit ?
✓ Gibt es Probleme mit vor- bzw. nachgelagerten Prozessen ?

Beispiel: Lackierung von Fahrradrahmen

Bei einem Fahrradhersteller wird täglich eine große Anzahl Fahrradrahmen lackiert. Da die Lackierungen eine unterschiedliche Qualität aufweisen, wurde ein Qualitätszirkel gegründet, in dem das Problem gelöst werden soll. Im Rahmen des Qualitätszirkels wurde zunächst das nachfolgende Ursachen- und Wirkungsdiagramm erarbeitet, um bei allen Mitgliedern den gleichen Kenntnisstand bzgl. der derzeitigen Situation sicherzustellen.

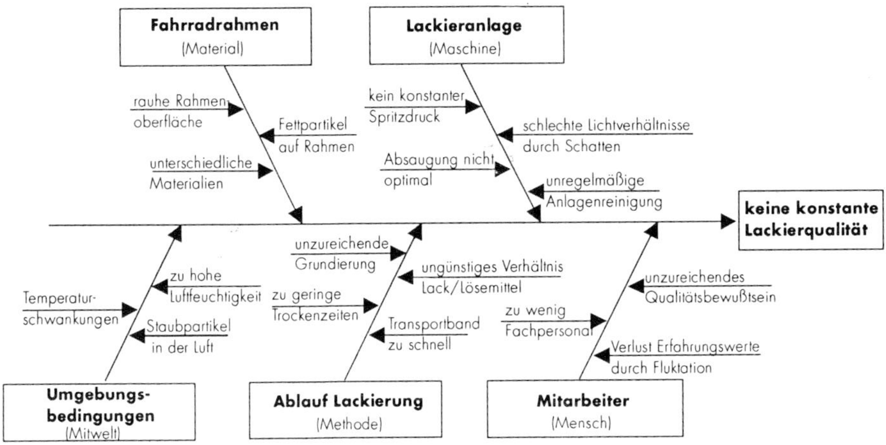

2.5 Paarweiser Vergleich

Der Paarweise Vergleich ist eine Methode zur Gewichtung von Merkmalen (z.B. zur Entscheidungsfindung). Hierbei werden verschiedene Merkmale (Kriterien, Faktoren, Positionen) paarweise im direkten Vergleich zueinander gewichtet, um Schwerpunkte bzw. Prioritäten zu ermitteln.

	Merkmal 1	Merkmal 2	Merkmal 3	Merkmal 4	Merkmal 5	Summe	Normierung auf 10
Merkmal 1		1	2	0	0	3	4
Merkmal 2	1		0	0	0	1	1
Merkmal 3	0	2		1	0	3	4
Merkmal 4	2	2	1		0	5	7
Merkmal 5	2	2	2	2		8	10

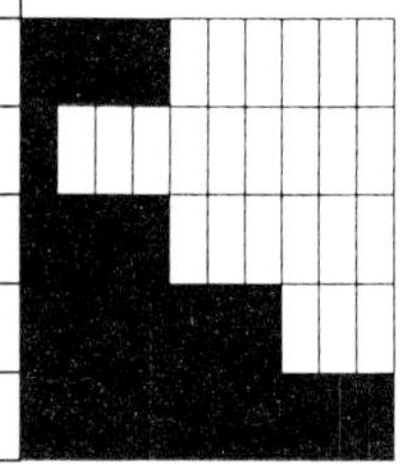

2 ... ist wichtiger als
1 ... ist gleich wichtig wie
0 ... ist weniger wichtig als

Vorgehensweise

✓ Merkmale ermitteln (Hinweis: Die Anzahl der Merkmale sollte nicht über 12 liegen, da sonst die Anwendung dieser Methode schwierig und zeitaufwendig werden kann)

✓ Matrix erstellen, indem die ermittelten Merkmale jeweils zeilen- und spaltenweise aufgetragen werden

✓ Merkmale paarweise im direkten Vergleich zueinander gewichten (2, 1, 0), wobei auch nur die Gewichtungen „2" und „0" verwendet werden können

✓ Werte zeilenweise addieren

✓ Ergebnis darstellen (z.B. Ergebnisse auf Maximalwert 10 normieren und grafische Darstellung durch Balkendiagramm)

Beispiel

Da wir nicht alle Dinge, die uns im Leben wichtig sind, mit der gleichen Konsequenz verfolgen können, sind wir gezwungen, persönliche Prioritäten zu setzen. Mit Hilfe des Paarweisen Vergleichs kann ein persönliches Profil ermittelt werden.

	Gesellschaftl. Ansehen	Freizeit	Karriere	Geld	Familie	Freundeskreis	Soziales Engagement	Summe	Normierung auf 10
Gesellschaftl. Ansehen		1	0	0	0	0	1	2	2
Freizeit	1		0	0	0	1	2	4	3
Karriere	2	2		1	0	2	2	9	8
Geld	2	2	1		0	1	2	8	7
Familie	2	2	2	2		2	2	12	10
Freundeskreis	2	1	0	1	0		2	6	5
Soziales Engagement	1	0	0	0	0	0		1	1

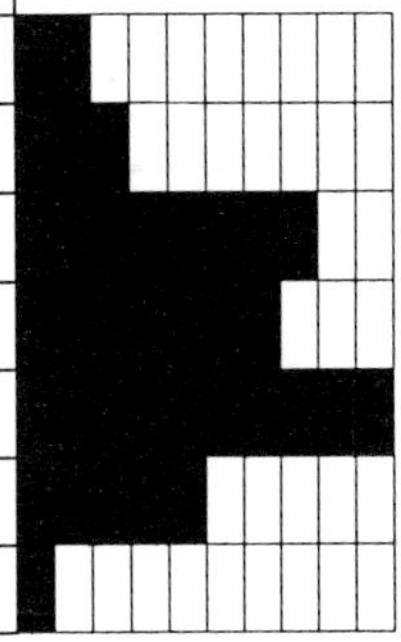

2 ... ist wichtiger als
1 ... ist gleich wichtig wie
0 ... ist weniger wichtig als

2.6 Portfolio

Das Portfolio kann, ähnlich wie der Paarweise Vergleich, als eine Methode zur Unterstützung der Entscheidungsfindung herangezogen werden. Vorteil gegenüber dem Paarweisen Vergleich ist die Gewichtung einer größeren Anzahl von Merkmalen, Nachteil ist die geringe Genauigkeit bei der Bestimmung der Gewichtung.

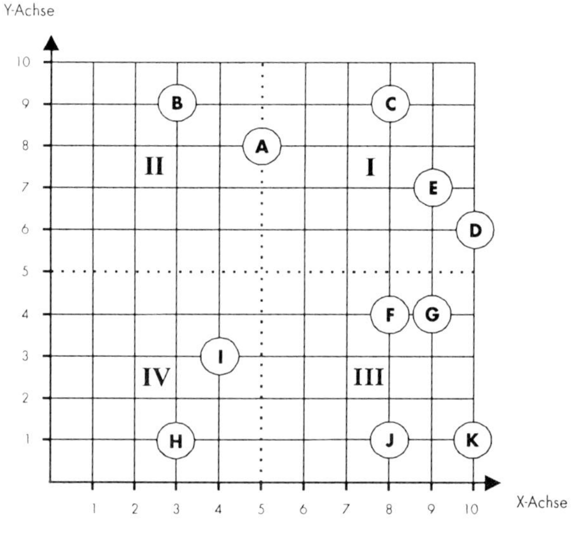

Vorgehensweise

✓ Achseneinteilung bestimmen

Die Achseneinteilung erfolgt individuell entsprechend dem zu betrachtenden Thema. Am häufigsten wird folgende Einteilung der Achsen verwendet:

x-Achse: Realisierbarkeit 0 ... Realisierung bedeutet großen Aufwand
10 ... sehr leicht zu realisieren

y-Achse: Bedeutung 0 ... keine Bedeutung
10 ... sehr große Bedeutung

✓ Felder definieren

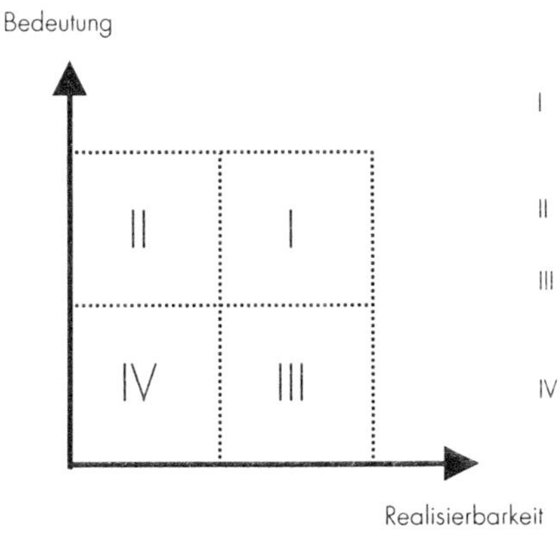

I ... direkter Handlungsbedarf (hohe Bedeutung und leicht zu erreichen)

II ... kritische Positionen; Handlungsbedarf

III ... kein direkter Handlungsbedarf (nur wenn Positionen aus Feld I und II erledigt sind)

IV ... kein akuter Handlungsbedarf

Die Definition der Felder ist für jedes Portfolio individuell zu bestimmen, die hier dargestellte Feldeinteilung stellt eine Orientierung dar.

✓ Merkmale bewerten (kann über Tabelle oder direkt im Diagramm erfolgen)

✓ Bewertete Merkmale in Diagramm eintragen

Beispiel: Kauf von Einrichtungsgegenständen

Ein junges Paar möchte sich eine neue gemeinsame Wohnung einrichten. Die noch fehlenden Gegenstände wurden in einer Liste erfasst. Da die finanziellen Mittel nicht für die Beschaffung aller Gegenstände ausreichend sind, müssen Prioritäten gesetzt werden.

Pos.	fehlende Gegenstände	y-Achse (Bedeutung) Dringlichkeit	x-Achse (Realisierbarkeit) Preis in DM
A	Küchenmaschine	2	450,-
B	Schreibtisch	3	600,-
C	Kochtöpfe	9	225,-
D	Badschrank	7	300,-
E	Mikrowelle	2	450,-
F	Staubsauger	8	225,-
G	Teppichboden Flur	10	600,-
H	Faxgerät	4	300,-
I	Waschmaschine	7	750,-
J	neue Küchenablage	6	525,-
K	Vorhänge Wohnzimmer	8	450,-
L	Espresso-Maschine	4	225,-
M	Kühlschrank	10	525,-

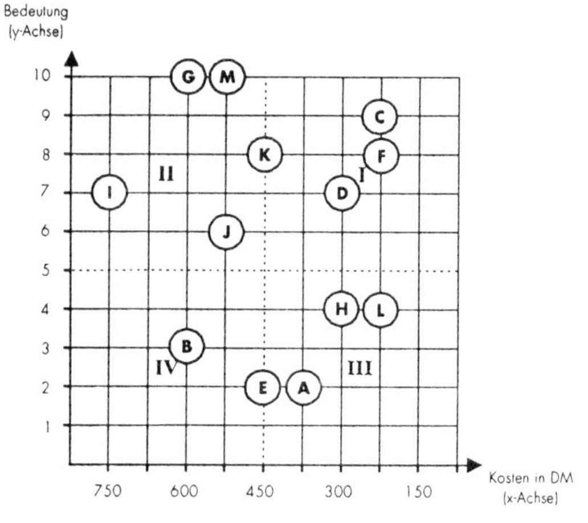

Definition der Felder:

	Feld I	Sofort beschaffen
	Feld II	Sofort beschaffen – Preisvergleiche durchführen
	Feld III	Abwarten, bis alles aus Feld I und II beschafft wurde
	Feld IV	Zurückstellen

2.7 Matrixdiagramm

Durch das Matrixdiagramm werden die Beziehungen zwischen zwei oder mehreren Themengebieten dargestellt. Die aufgezeigten Beziehungen können mit Hilfe geeigneter Symbole auch mit einer Gewichtung versehen werden (z.B. starke/schwache Beziehung oder direkte/indirekte Beziehung)

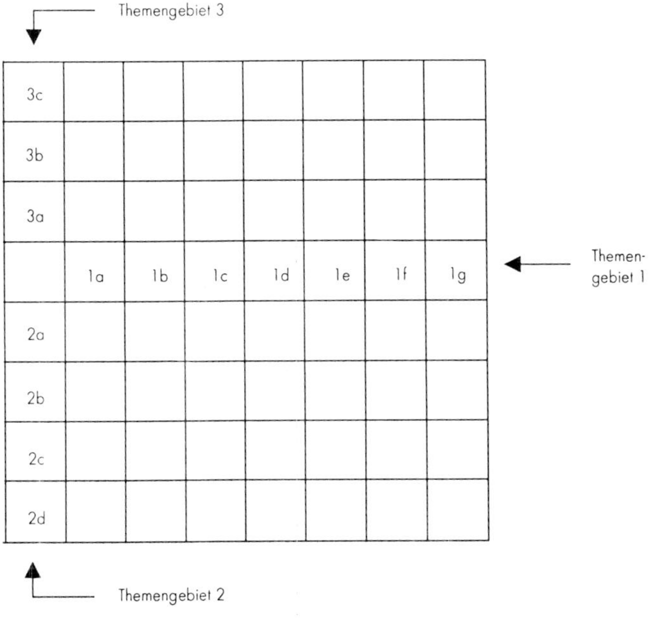

Vorgehensweise

- ✓ Zu betrachtende Themengebiete bestimmen
- ✓ Geeignetes bzw. erforderliches Matrixformat festlegen (z.B. L-, T-, Y- oder X-Matrix)
- ✓ Struktur des Matrixdiagramms aufzeichnen
- ✓ Merkmale der zu betrachtenden Themengebiete eintragen
- ✓ Beziehungen aufzeigen (ggf. in gewichteter Form)

Matrixformate

L-Matrix

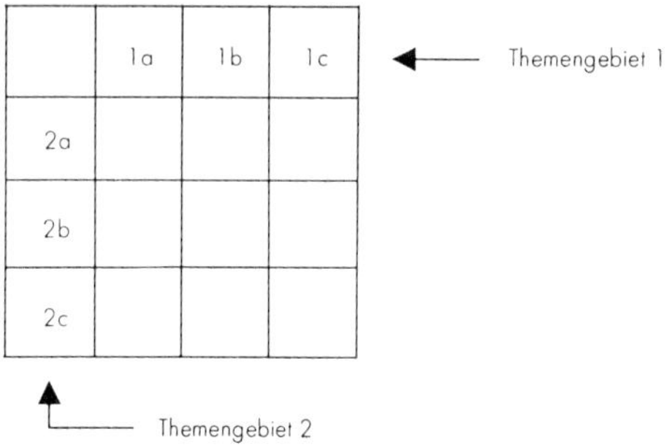

Aufzeigen von Beziehungen zwischen den einzelnen Merkmalen zweier Themengebiete

T-Matrix

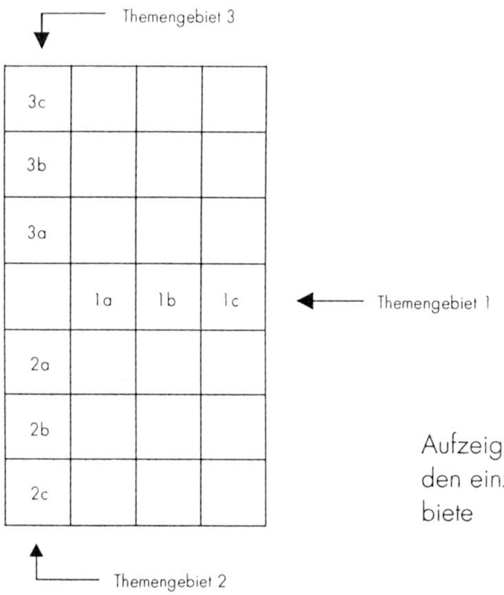

Aufzeigen von Beziehungen zwischen den einzelnen Punkten dreier Themengebiete

Y-Matrix

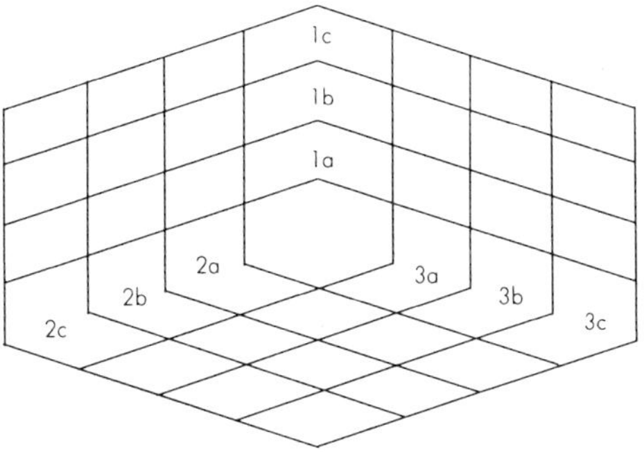

Aufzeigen von Beziehungen zwischen den einzelnen Merkmalen dreier Themengebiete

X-Matrix

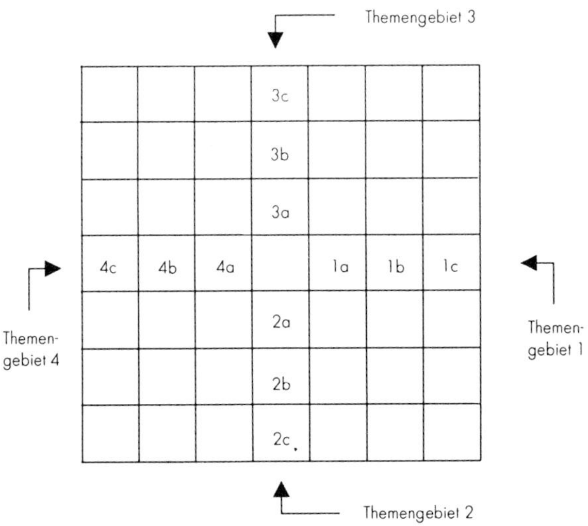

Aufzeigen von Beziehungen zwischen den einzelnen Merkmalen aus vier Themengebieten

Beispiel: Prozessorientiertes Managementsystem

Ein Krankenhaus möchte sein Managementsystem prozessorientiert gestalten. Neben der bestehenden Aufbauorganisation sollen auch die Anforderungen der ISO 9001 entsprechend berücksichtigt werden. Die Beziehungen zwischen Prozessen, Aufbauorganisation und den Forderungen aus den einzelnen Abschnitten der ISO 9001 können in einem T-Matrixdiagramm dargestellt werden.

Aufbauorganisation									**ISO 9001**						
Krankenhausleitung	Qualitätsmanagement	Einkauf	OP	Ambulanz	Pflege	....	Haustechnik	**Prozesse**	4.1	4.2	....	7.4	7.5	....	8.5
M	V							Internes Audit							
	V							Pflege von Vorgabedokumenten		X					
				M	V			Patientenaufnahme					X		
M		V			M			Beschaffung von Dienstleitungen				X			
								.....							
M	V	M	M	M	M	M	M	Durchführung von Verbesserungsprojekten							X

Legende:

V ... verantwortlich
M ... mitwirkend

X ... Bezug zu ISO 9001

2.8 Benchmarking

Benchmarking dient zum Vergleich eines ausgewählten Merkmals mit denjenigen anerkannter Marktführer, um Gelegenheiten zur Qualitätsverbesserung zu ermitteln. Verglichen werden Prozesse, Produkte und Dienstleistungen mit denen **anerkannter Marktführer**. Durch Benchmarking werden erprobte Lösungen betrachtet, um Anregungen für die Weiterentwicklung und Optimierung der betrachteten Merkmale in der eigenen Organisation zu erhalten.

Hinter Benchmarking steckt die einfache Grundidee „Lernen von den Besten". Für die Durchführung von Benchmarkingprojekten wurden in der Praxis verschiedene Vorgehensweisen entwickelt. Die nachfolgend beschriebenen Ausführungen stellen lediglich die prinzipielle Vorgehensweise in vereinfachter Form dar.

Vorgehensweise

✓ die zu betrachtenden Merkmale (Benchmarks) eindeutig festlegen

✓ Team für die Durchführung des Benchmarking-Projekts bestimmen

✓ Benchmarking-Partner ermitteln
Der oder die Benchmarking-Partner müssen anerkannte Marktführer hinsichtlich der betrachteten Merkmale sein, wobei sie nicht aus der gleichen Branche stammen müssen. Auch stehen mittlerweile Benchmarking-Datenbanken zur Verfügung, mit deren Hilfe geeignete Partner und/oder bereits entsprechende Daten ermittelt werden können.

✓ Daten sammeln
Daten bzgl. des betrachteten Benchmarks können durch Publikationen (z.B. Umfrageergebnisse, Geschäftsberichte, Benchmarkingdatenbanken), Firmenbesuche, Messebesuche, persönliche Kontakte etc. gesammelt werden. Wenn der Benchmarking-Partner kein direkter Mitbewerber ist, besteht auch die Möglichkeit, diesen direkt in das Benchmarking-Projekt mit einzubeziehen.

✓ Daten ordnen und analysieren
Die Auswertung der gesammelten Daten zur Ermittlung von Gelegenheiten zur Qualitätsverbesserung sollte mit Hilfe geeigneter Werkzeuge erfolgen, um anhand der ermittelten Ergebnisse gezielt Maßnahmen in Form von Verbesserungsprojekten einleiten zu können.

2.9 Flussdiagramm

Durch ein Flussdiagramm, auch Flow-Chart genannt, können Abläufe und Prozesse in ihrer logischen Folge grafisch dargestellt werden. Mit Hilfe des Flussdiagramms können bestehende Prozesse transparent und übersichtlich abgebildet werden, um Problemstellen oder Verbesserungsmöglichkeiten erkennen zu können. Ebenso können neue Prozesse entwickelt werden, um erforderliche Aufgaben zu identifizieren und in eine geeignete Folge zu bringen.

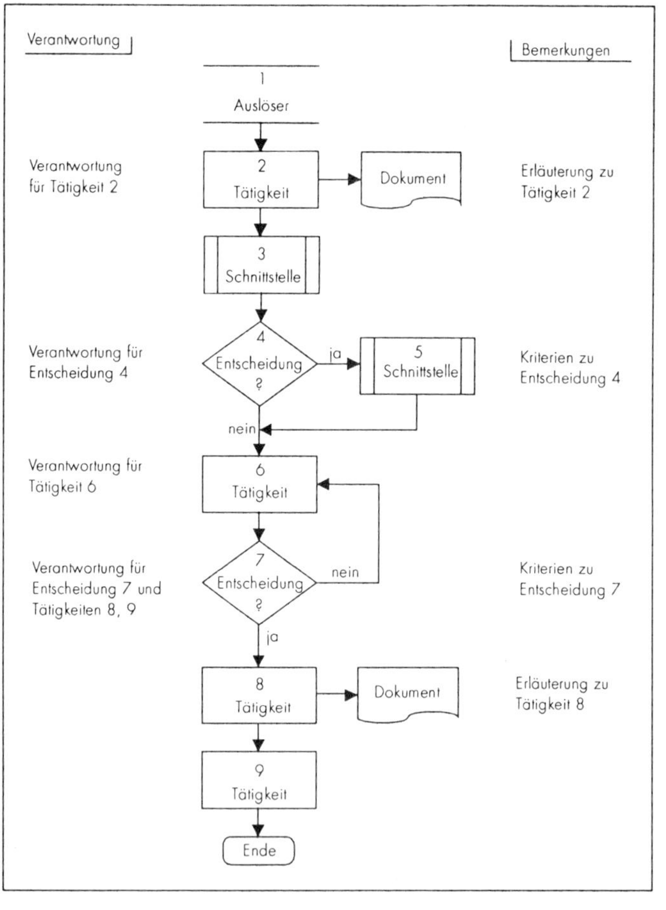

Symbole (beispielhaft)

Tätigkeit

Hinweis: Falls weiterführende Detailregelungen für die Ausführung einer Tätigkeit erforderlich sind, sollte an der entsprechenden Stelle darauf verwiesen werden.

Prüfung

Hinweis: Für eine durchzuführende Prüfung sind u.a. folgende Punkte zu klären bzw. bei Bedarf in weiterführenden Detailregelungen zu definieren: Prüfkriterien, Ablauf der Prüfung, Aufzeichnung des Prüfergebnisses, Prüfmittel (falls relevant), Vorgehen bei einem negativen Prüfergebnis, Prüfzeitpunkt/-zyklus. Nach einem Prüfsymbol folgt häufig ein Entscheidungssymbol.

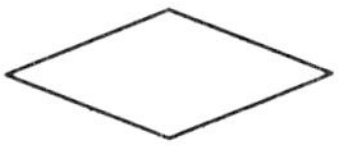

Entscheidung

Entscheidung, die von einem Verantwortlichen getroffen wird oder die sich aus einer logischen Verzweigung ergibt.

Hinweis: Bei jeder zu treffenden Entscheidung sollten eindeutige Entscheidungskriterien festgelegt werden.

Schnittstelle

Schnittstellen sind Übergänge von oder zu einem anderen Prozess. Sie können innerhalb oder am Ende eines Prozesses stehen und lösen in der Regel einen Folge- oder Folgeteilprozess aus.

Dokument

Hinweis: Zugeordnet zu Tätigkeiten und Prüfungen sollten die jeweils geltenden (Vorgabe-) Dokumente aufgezeigt werden. Ebenso sind die zu erstellenden (Qualitäts-) Aufzeichnungen zuzuweisen und zu benennen.

Übergang

Ablauf wird an einer anderen Stelle fortgesetzt

Ende

Ende eines Ablaufs, wenn dieser nicht in eine Schnittstelle mündet.

Vorgehensweise

✓ Den darzustellenden Ablauf/Prozess eindeutig bestimmen (Prozessbezeichnung, Prozessauslöser, Prozessverantwortlicher, Hauptschnittstellen, Prozessergebnis)

✓ Team zusammenstellen
- durch den Ablauf/Prozess betroffener Personenkreis
- objektiver Moderator

✓ Die erforderlichen Schritte (Tätigkeiten, Prüfungen, Entscheidungen, Schnittstellen) zur Gestaltung des Prozesses definieren

✓ Die definierten Prozess-Schritte in die geeignete Reihenfolge bringen und ggf. mit entsprechenden Bemerkungen erläutern

✓ Den einzelnen Prozessschritten Verantwortlichkeiten und Dokumente/Aufzeichnungen zuordnen

✓ Workshopergebnis durch EDV aufbereiten

✓ Den erarbeiteten Prozess/Ablauf überprüfen
- Korrekturlesen durch Workshopteilnehmer
- Abgleich mit den in der Praxis verwendeten Bezeichnungen für Dokumente, Aufzeichnungen, etc.
- Abgleich mit Schnittstellen aus/zu anderen Prozessen
- Abgleich der Prozessbeschreibung mit der Praxis durch z.B. Internes Audit

3 Werkzeuge für numerische Daten

3.1 Radardiagramm

Durch das Radardiagramm wird die Betrachtung oder Bewertung eines bestimmten Themas anhand mehrerer (Bewertungs-) Kriterien grafisch dargestellt. Falls ein Thema mehrfach bewertet wird, können die Bewertungsergebnisse anhand des Radardiagramms durch "Übereinanderlegen" sehr anschaulich miteinander verglichen werden.

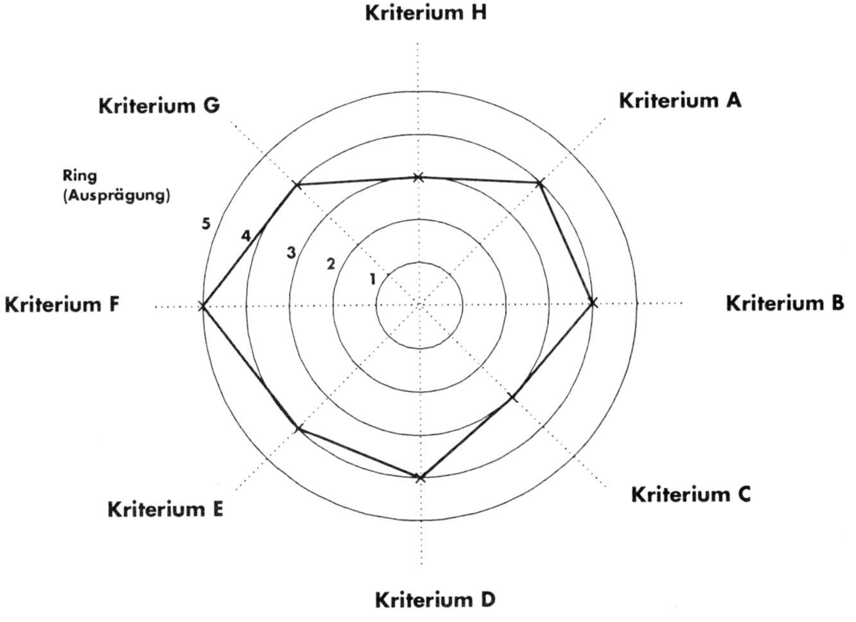

Vorgehensweise

- ✓ (Bewertungs-) Kriterien bestimmen
- ✓ Bewertungsmaßstab festlegen
  Beispiel: Ring 1 – mangelhaft; Ring 2 – ausreichend; Ring 5 – sehr gut
  Hinweis: der Bewertungsmaßstab kann für die verschiedenen Kriterien unterschiedlich definiert werden, wie z.B. "Kosten in DM", "Anzahl Fehler"
- ✓ Layout des Radardiagramms erstellen (Bewertung über Tabelle oder direkt im Diagramm)

Beispiel: Soll-/Istprofil bei Stellenneubesetzung

Bei einem Hersteller von medizintechnischen Geräten wird beabsichtigt, den bislang noch vernachlässigten norditalienischen Markt zu erschließen. Für die Position des neuen Gebietsleiters gibt es zahlreiche Bewerber. Die Auswahl des neuen Gebietsleiters kann durch das Radardiagrammm unterstützt werden und im Anschluss auch für die Planung der Einarbeitung und Ermittlung des Schulungsbedarfs genutzt werden.

Anforderungskriterien	Bewertungsmaßstab Ring 1	Ring 3	Ring 5	Soll-Profil	Ist-Profil
EDV-Kenntnisse	keine	Anwender	Administrator	3	5
Berufserfahrung	< 2 Jahre	10 Jahre	> 18 Jahre	2	2
Branchenkenntnisse	keine	Grundkenntnisse	Brancheninsider	4	1
Italienischkenntnisse	keine	Konversationsniveau	Muttersprache	3	1
Berufsausbildung	kein Abschluss	Diplom	Promotion	3	4
Gehaltsvorstellung	< 60.000 $	80.000 $	>100.000 $	1	3
Auftreten	unsicher	sicher	überzeugend	4	3
Alter	< 30 Jahre	40 Jahre	> 50 Jahre	3	5

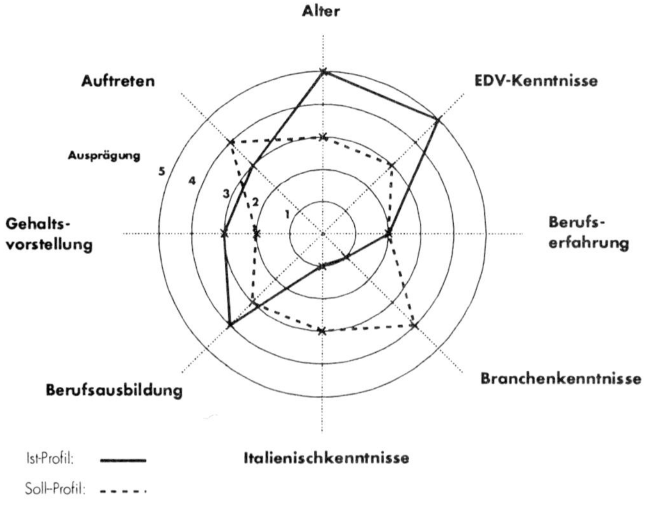

3.2 Fehlersammelkarte

Durch die Fehlersammelkarte wird das Fehleraufkommen über einen bestimmten Zeitraum übersichtlich dargestellt. Auch kann die Auswertung einer großen Anzahl von aufgetretenen Fehlern, welche in zahlreichen Einzelaufzeichnungen (Prüfprotokolle, Reklamationserfassung, Fragebogen, ...) erfasst wurden, in Form einer Fehlersammelkarte aufbereitet werden.

Fehlerarten	Zeitraum 1	Zeitraum 2	Zeitraum 3	...	Zeitraum n	Gesamt
Fehlerart 1	III	IIIII II	IIII		IIIII II	78
Fehlerart 2	IIIII II	IIIII	IIIII III		IIIII IIIII	114
Fehlerart 3		II	IIII		IIIII	42
Fehlerart 4	IIII	IIII	III		IIIII II	62
...						
Fehlerart n	IIIII II	IIII	IIIII I		IIIII IIII	85
Summe Fehler	38	26	39		60	486
Anzahl geprüfter Einheiten	270	200	420		430	4.290
Anteil fehlerhafter Einheiten	14,1%	13,0%	9,3%		14,0%	11,3%

Vorgehensweise

✓ Fehlerarten bestimmen

✓ Zeitraum/-abschnitt der Erfassung bestimmen (z.B. wöchentlich, pro Schicht)

✓ Fehlersammelkarte anlegen und mit dem System der Fehlererfassung abstimmen

✓ Erfasste Daten in Fehlersammelkarte eintragen bzw. übertragen

✓ Fehlersammelkarte in geeigneten Intervallen auswerten

Voraussetzung für die Anwendung der Fehlersammelkarte ist eine ausreichend große Anzahl von Daten.

Beispiel: Endprüfung von Bürostühlen

Bei einem Hersteller von Büromöbeln erfolgt eine 100%–Prüfung der fertigmontierten Bürostühle. Die hieraus resultierenden Ergebnisse werden fortlaufend in eine Fehlersammelkarte eingetragen und täglich ausgewertet.

Stuhl Nr. 0815 Fehlerarten	Mo	Di	Mi	Do	Fr	Summe	Anteil
Quietschgeräusche	IIII	III	II	III	III	15	10,5 %
Leichtläufigkeit n.i.O.	I	II	I	I	II	7	4,9 %
Kippfederung defekt	III	IIII	II	I	II	12	8,4 %
Ungerade Naht	III		II	II	I	8	5,6 %
Bezug verschmutzt	II	III	I	IIII	I	11	7,7 %
Falten im Bezug	II	IIIII	III	II	II	14	9,8 %
Webfehler im Bezug	IIIII II	IIII	IIIII IIII	IIII	III	27	18,9 %
Lackfehler	III	IIIII III	IIIII II	III	IIII	25	17,5 %
Sonstige Fehler	IIIII II	IIIII	IIII	IIIII I	II	24	16,8 %
Summe Fehler	32	34	31	26	20	143	
Anzahl geprüfter Stühle	170	140	80	120	140	650	
Anzahl fehlerhafter Stühle	14	9	7	8	12	50	
Anteil fehlerhafter Stühle	8,2 %	6,4 %	8,8 %	6,7 %	8,6 %	7,7 %	

3.3 Kreis-/Kuchendiagramm

Durch das Kreis- bzw. Kuchendiagramm werden Ereignisse (Fehler, Beschwerden, Verbesserungen, Umsätze, etc.) entsprechend ihrer prozentualen Anteile am Gesamtergebnis grafisch dargestellt.

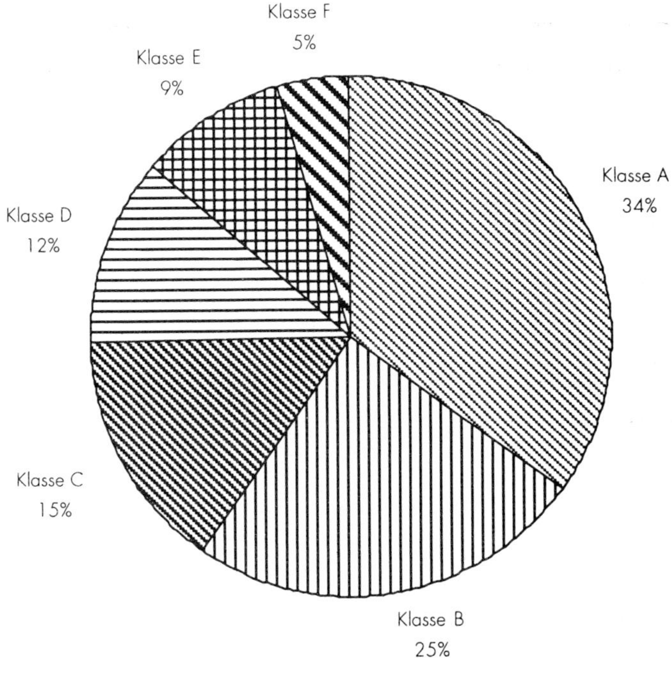

Vorgehensweise

✓ Datentabelle erstellen

- Ereignisse entsprechend ihrer Größe sortieren
  Ereignisse mit geringem Anteil können unter "Sonstige" zusammengefasst werden
- die relative Häufigkeit der einzelnen Klassen berechnen
  Formel: (100/Summe aller Ereignisse) x Anzahl Einzelereignis
  Bsp.: (100/246) x 44 = 17,89 %
- Kreisanteile der einzelnen Ereignisse berechnen (Vollkreis = 360 Grad = 100 %)
  Kreisanteil = relative Häufigkeit eines Ereignisses x 3,6

✓ Kreis-/Kuchendiagramm erstellen

Beispiel: Jahresausgaben eines Studenten

Ein Student hatte über das Jahr hinweg seine Ausgaben für den Lebensunterhalt notiert und bestimmten Kostenarten zugeordnet. Die Auswertung kann nun in Form eines Kreis- bzw. Kuchendiagramms transparent dargestellt werden.

Kostenarten	Betrag	rel. Häufigkeit [%]	rel. Häufigkeit [°]
Wohnung	5.040 DM	42,0 %	151,2 °
Lebensmittel	2.280 DM	19,0 %	68,4 °
Kleidung	960 DM	8,0 %	28,8 °
Urlaub/Freizeit	888 DM	7,4 %	26,6 °
Telefon	552 DM	4,6 %	16,6 °
Kneipenbesuche	1.080 DM	9,0 %	32,4 °
Fahrtkosten	480 DM	4,0 %	14,4 °
Sonstiges	720 DM	6,0 %	21,6 °
Summe	12.000 DM	100,0 %	360,0 °

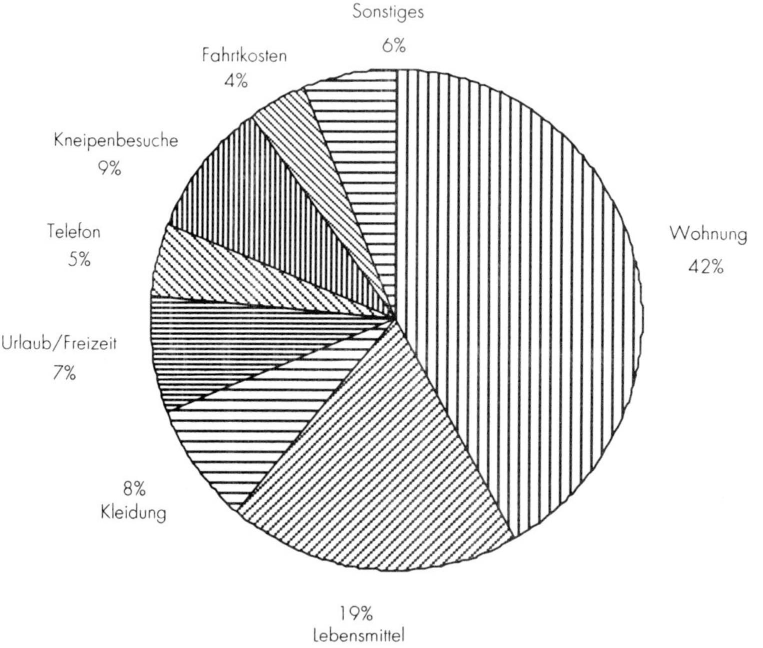

3.4 Pareto-Diagramm

Durch das Pareto-Diagramm werden Ereignisse (Fehler, Beschwerden, Verbesserungen, Kosten, etc.) entsprechend der Häufigkeit ihres Auftretens grafisch dargestellt. Das Pareto-Diagramm beruht auf dem Pareto-Prinzip, welches aussagt, dass nur ein geringer Anteil möglicher Ereignisse die Hauptursache für die Mehrzahl bestehender Probleme darstellt. Das Pareto-Diagramm zeigt in absteigender Ordnung den relativen Beitrag jedes Ereignisses zur Gesamtwirkung.

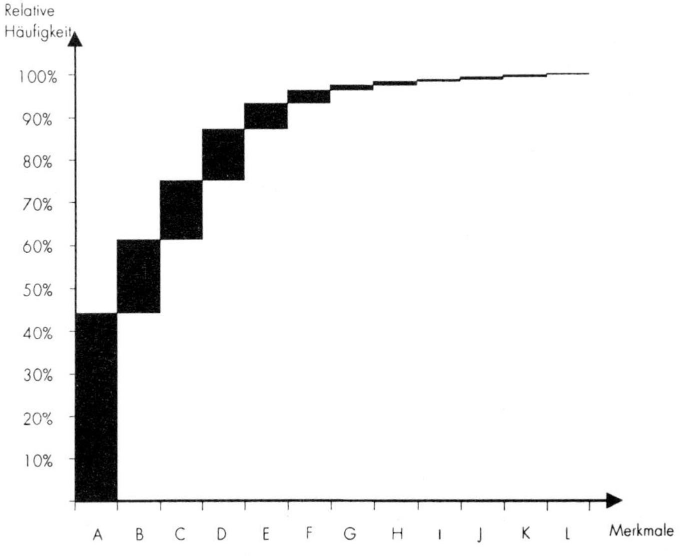

Vorgehensweise

✓ Ereignis, Klasseneinteilung und Messeinheit bestimmen

Ereignisse	Auswertungsmöglichkeiten
Fehler bei einer Endprüfung	- Häufigkeit - Kosten Fehlerbehebung
Umgesetzte Verbesserungsvorschläge	- Häufigkeit - Erzielte Einsparungen
Energieverbrauch (Strom, Erdgas, Heizöl)	- Gebühren an Energieversorger - Kilowattstunden - CO_2-Aufkommen

✓ Datentabelle erstellen
Die relative Häufigkeit der einzelnen Ereignisse berechnen (Angabe in %)
Summe aller Ereignisse = 100 %
Häufigkeit Ereignis = (100 / Summe aller Ereignisse) x Anzahl Einzelereignis

✓ Pareto-Diagramm zeichnen

x-Achse: Ereignisse in der Reihenfolge ihrer Häufigkeit

y-Achse: Relative Häufigkeit

Über jedes Ereignis wird ein Rechteck in der Höhe der entsprechenden relativen Häufigkeit gezeichnet. Die Balken werden ab dem 2. Ereignis treppenförmig nach oben geklappt, um die kumulierten Prozentanteile darzustellen.

Beispiel: Reklamationen Kühlschränke

Die bei einem Hersteller von Kühlschränken gemeldeten Reklamationsfälle innerhalb der Garantiezeit sollen wesentlich reduziert werden. Für die Erfassung des Ist-Zustandes wurden die Hauptfehlerarten ermittelt und katalogisiert. Die bei der Bearbeitung der Garantiefälle entstehenden Kosten können, bezogen auf die unterschiedlichen Fehlerarten, in Form eines Pareto-Diagramms visualisiert werden.

Bearbeitete Reklamationsfälle im 1. Quartal 1999

Fehlerart		Anzahl absolut	Anteil relativ	Kosten absolut	Kosten relativ
F1	Temperaturregelung n.i.O.	13	4 %	1.560 DM	4 %
F2	Kühlaggregat defekt	77	24 %	10.780 DM	25 %
F3	Temperaturanzeige defekt	6	2 %	480 DM	1 %
F4	Optische Mängel	26	8 %	4.680 DM	11 %
F5	Fehler Zubehörteile	0	0 %	0 DM	0 %
F6	Mängel Kunststoffkorpus	32	10 %	13.440 DM	32 %
F7	Geräuschentwicklung	14	4 %	3.920 DM	9 %
F8	Innenbeleuchtung defekt	134	42 %	5.092 DM	12 %
F9	Sonstiger Fehler	18	6 %	2.610 DM	6 %
	Summe:	320	100 %	42.562 DM	100 %

Unterschiedliche Betrachtungsweisen

Um geeignete Ansatzpunkte für die Einleitung von entsprechenden Maßnahmen zu finden, sollten unterschiedliche Auswertungs- bzw. Darstellungsmöglichkeiten berücksichtigt werden.

Darstellung der Fehler

Die Fehlerart F8 verursacht
42% aller auftretenden Fehler

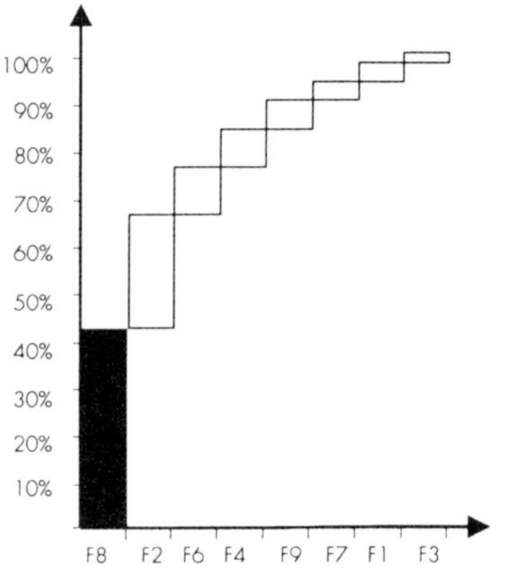

Darstellung der Kosten

Die Fehlerart F8 verursacht
9% aller Fehlerkosten

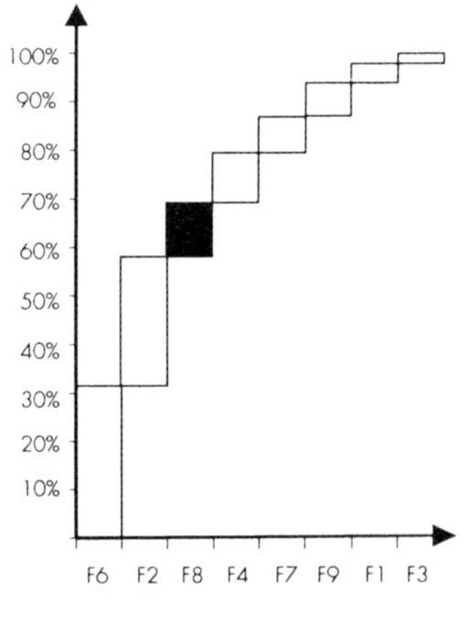

3.5 Korrelationsdiagramm

Mit dem Korrelationsdiagramm wird grafisch ermittelt, ob und inwieweit zwei Merkmale in einer Abhängigkeit (Korrelation) zueinander stehen. Dabei wird eine ausreichend große Anzahl von Datenpaaren als Punktwolke in ein Diagramm eingetragen. Aus der Form der entstehenden Wolke kann auf Vorhandensein bzw. Art der Wechselbeziehung der einander zugeordneten Datenreihen geschlossen werden.

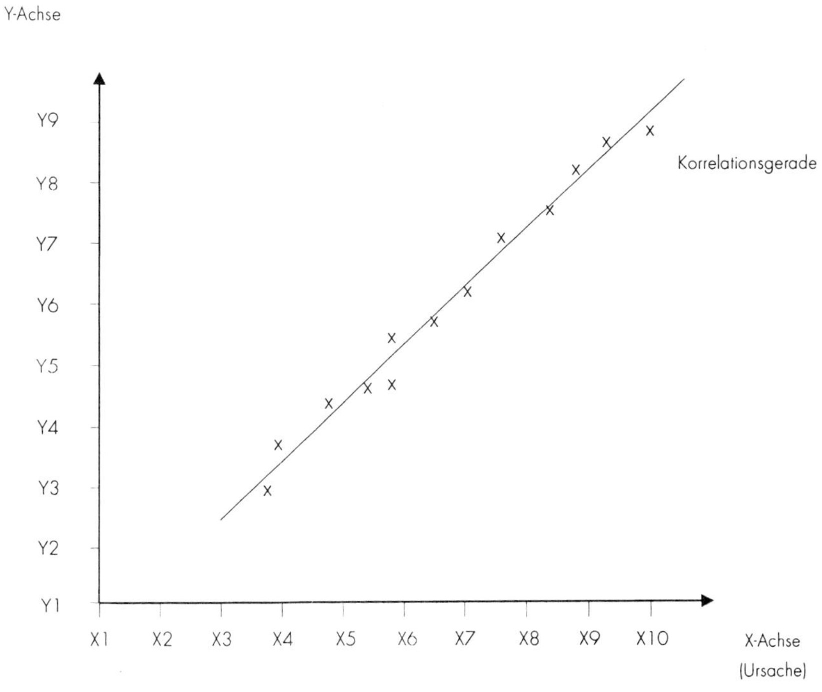

Vorgehensweise

- ✓ Datenpaare ermitteln (z.B. in Tabellenform)
- ✓ Einteilung x-/y-Achse bestimmen (x-Achse...mögliche Ursache/y-Achse...Wirkung)
- ✓ Daten in Diagramm übertragen
- ✓ mögliche Korrelation ermitteln (Korrelations- bzw. Ausgleichsgerade einzeichnen)

Korrelationsarten

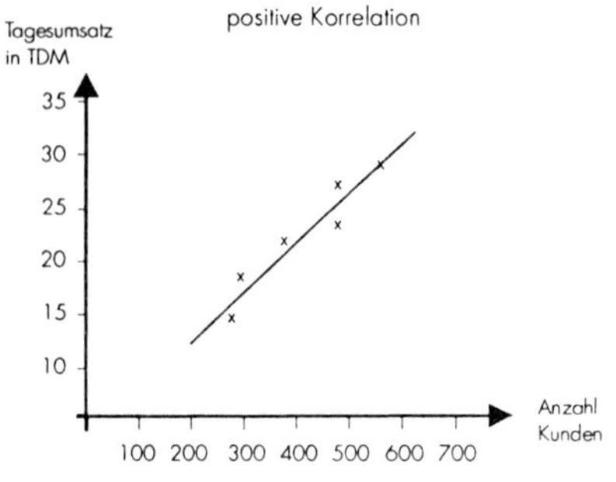

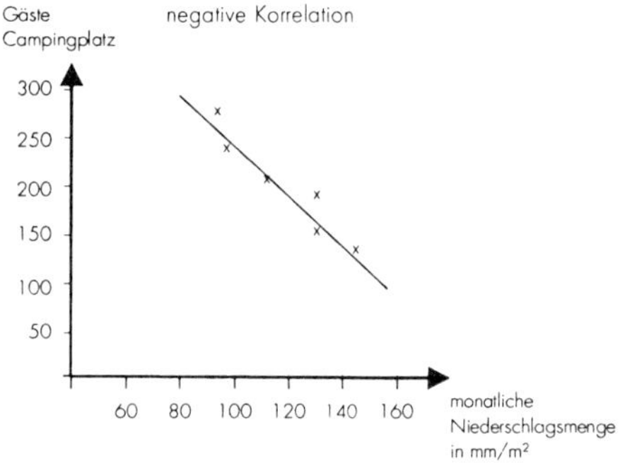

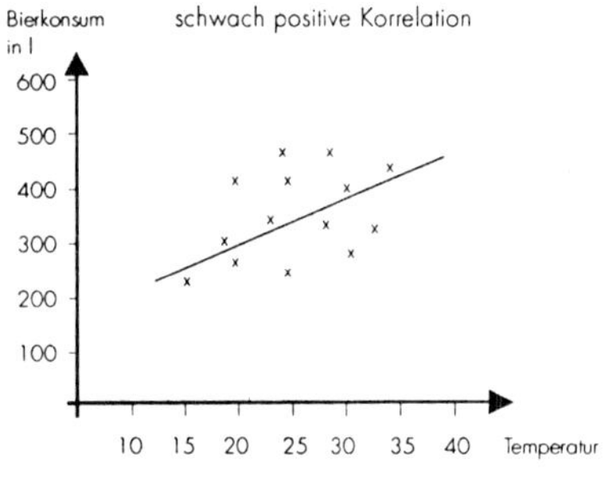

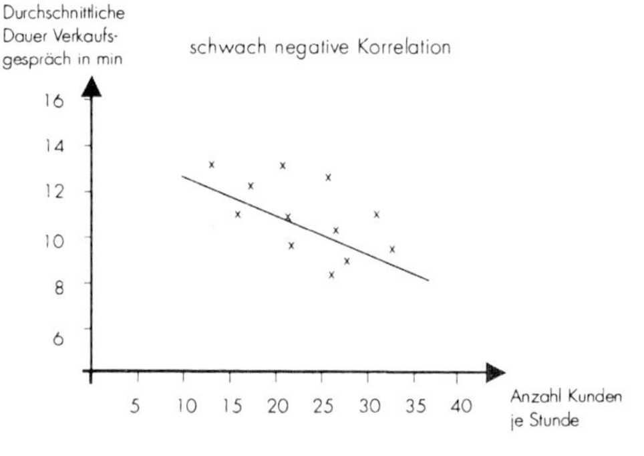

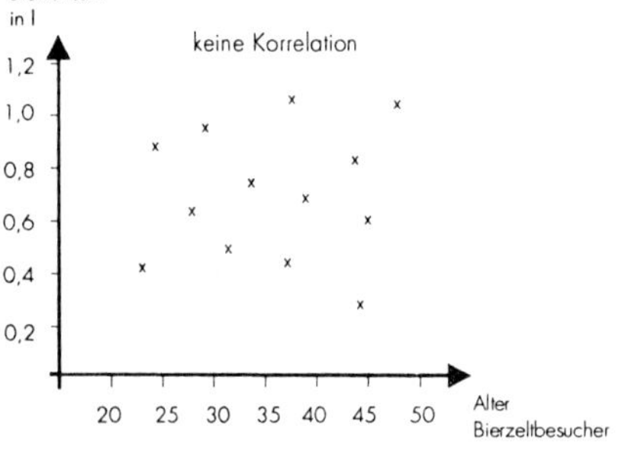

Beispiel: Abhängigkeit Tomatendurchmesser von UV-Bestrahlung

Tägl. Dauer UV-Bestrahlung in min	25	50	75	100	125	150	175	200
Durchmesser der Tomaten in mm	23	32	33	45	46	50	60	62

X-Achse (Mögliche Ursache): Tägliche Dauer UV-Bestrahlung in min
Y-Achse (Wirkung): Durchmesser der Tomaten in mm

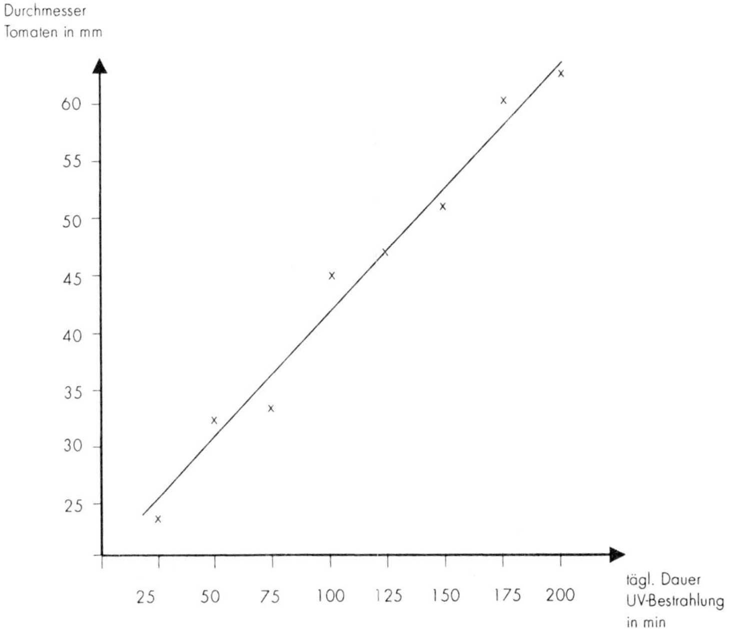

Ergebnis: Positive Korrelation

Der Durchmesser der Tomaten erhöht sich mit Zunahme der täglichen Bestrahlungsdauer.

3.6 Verlaufsdiagramm

Das Verlaufsdiagramm ist eine einfache Methode, um den Verlauf von Merkmalsgrößen über einen bestimmten Zeitraum aufzuzeigen. Sie eignet sich zur Überwachung eines Systems im Hinblick darauf, in welcher Art und in welchem Ausmaß sich das betrachtete Merkmal über den untersuchten Zeitraum hinweg verändert.

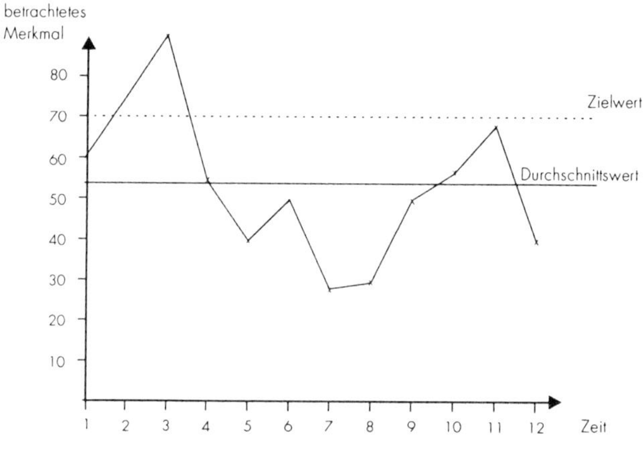

Vorgehensweise

✓ Achseneinteilung festlegen
y-Achse...betrachtetes Merkmal (z.B. Größe, Temperatur, Menge)
x-Achse...Zeitachse (z.B. Minute, Stunde)

✓ Als Orientierungshilfe ggf. Zielwert festlegen und als parallele Linie zur x-Achse eintragen

✓ Ermittelte Werte fortlaufend in das Diagramm eintragen

✓ Einzelwerte durch Linien verbinden

✓ Als Orientierungshilfe ggf. Durchschnittswert über betrachteten Zeitraum ermitteln und als parallele Linie zur x-Achse eintragen

Beispiel: Umsatzentwicklung Busunternehmen

Bei einem Busunternehmen resultieren die Einnahmen aus den 3 Geschäftsbereichen Öffentlicher Nahverkehr, Fern-/Städtereisen und Sonderfahrten (Vereins-/Firmenausflüge). Die Jahresumsatzentwicklung soll mit Hilfe eines Verlaufsdiagramms transparent aufgezeigt werden.

Datentabelle

Angaben in TDM	Jan.	Feb.	März	...	Nov.	Dez.	Durchschnitt	Jahreswert
Öff. Nahverkehr	390	850	880	...	760	780	680	8.160
Fern-/Städtereisen	450	380	210	...	110	260	320	3.840
Sonderfahrten	130	490	150	...	80	320	240	2.880
Gesamt	970	1.720	1.150	...	950	990	1.240	14.880

Verlaufsdiagramm

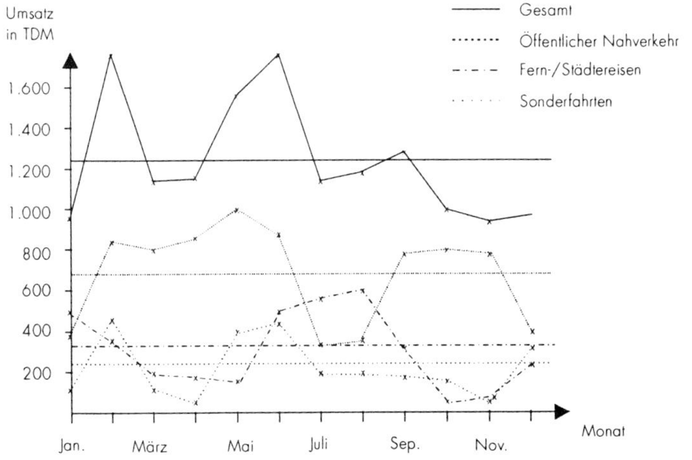

3.7 Histogramm

Das Histogramm ist eine Methode, um die Verteilung einer größeren Anzahl von Daten aufzuzeigen. Hierbei werden die ermittelten Messwerte in Klassen (Messintervalle) gleicher Weite eingeteilt. Die Anzahl der Daten innerhalb einer Klasse entspricht dann der Höhe der Säule im Histogramm. So lässt sich anschaulich die Art der Verteilung der Messwerte (z.B. normal verteilt, schief verteilt) erkennen.

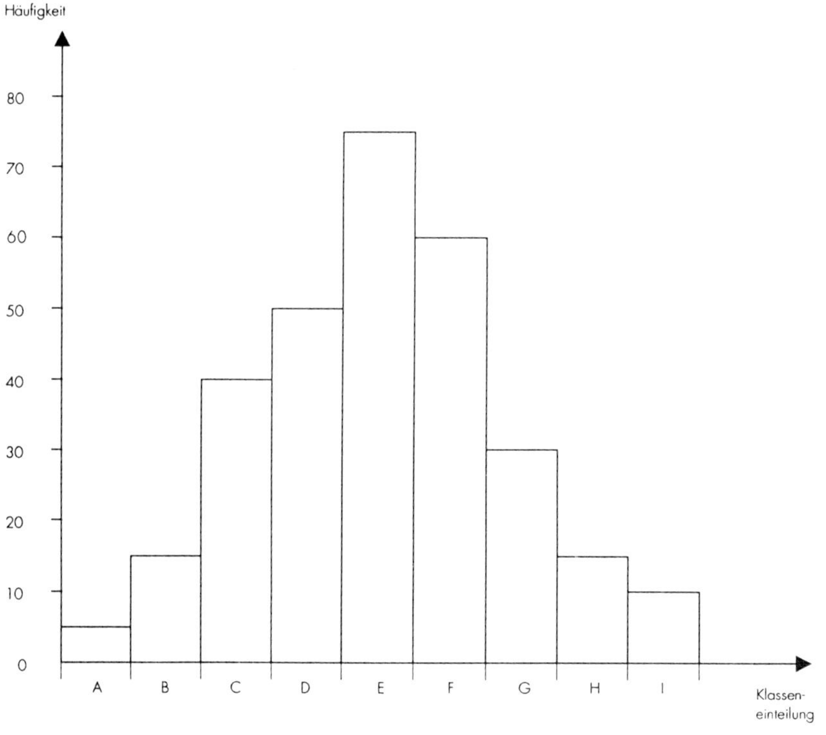

Vorgehensweise

✓ Anzahl n der Messwerte ermitteln

✓ Spannweite R der Stichprobe bestimmen
R = größter Messwert – kleinster Messwert

✓ Anzahl der Klassen bestimmen (Spannweite R in Messintervalle einteilen)

Anzahl der Messwerte n	Anzahl Klassen K
< 50	5 - 7
50 - 100	6 - 10
100 - 250	7 - 12
> 250	10 - 20

✓ Klassenweite W bestimmen
W ~ R / K (Hinweis: den mathematisch ermittelten Wert stets aufrunden)
Bsp.: R/K = 4,6/8 = 0,575 => W = 0,6

✓ Klassengrenzen bestimmen

✓ Strichliste erstellen

✓ Histogramm erstellen

Beispiel: Altersstruktur PKW-Käufer

Datentabelle (Auszug aus der Händlerdatenbank)

Lfd. Nr.	Verkaufs-datum	Name des Kunden	Alter des Kunden	Auftrag	Verkäufer
1	04.01.98	Huber	43	A 723-17	Bemetz
2	06.01.98	Steeger	27	A 723-23	Hermann
3	07.01.98	Weibold	51	V-11-18	Bemetz
4	07.01.98	Zämmerle	70	V-11-19	Bemetz
	⋮				
210	28.04.98	Freudig	18	V-312-11	Seyfried

Basisdaten für die Histogrammerstellung

n ... Anzahl Datenwerte	Anzahl verkaufter PKW	n = 210 Stück
R ... Spannweite	Altersspanne der Käufer $R = X_{max} - X_{min} = 70 - 18$	R = 52 Jahre
K ... Anzahl der Klassen	anhand Tabelle (n = 210 => K = 7...12)	gewähltes K = 9
W ... Klassenweite	$W \sim R / K = 52 / 9 = 5{,}78$	gewähltes W = 6 Jahre
Klassengrenzen	beim jüngsten Käufer beginnend jeweils Klassenweite W (=6 Jahre) addieren	18 / 24 / ... 72

Strichliste

Alter der Käufer	18-23	24-29	30-35	36-41	42-47	48-53	54-59	60-65	66-71
Anzahl verkaufter PKW	IIIII IIIII IIIII	IIIII IIIII IIIII IIIII IIIII IIIII IIIII I	IIIII IIIII IIIII IIIII IIIII IIIII IIIII IIIII	IIIII IIIII IIIII IIIII IIIII I	IIIII IIIII IIIII IIIII II	IIIII IIIII IIIII IIIII	IIIII IIIII IIIII	IIIII IIIII IIIII IIIII IIIII IIIII	IIIII I
Summe	15	36	40	26	22	20	15	30	6

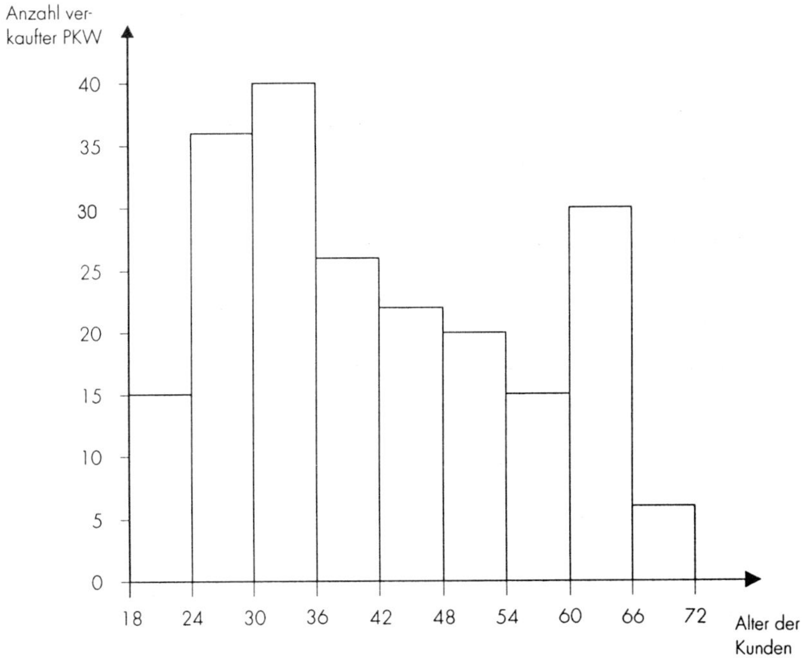

4 Literaturhinweise

Beuth Verlag GmbH, D-10772 Berlin:

DIN EN ISO 9000:2000 Qualitätsmanagementsysteme - Grundlagen und Begriffe

DIN EN ISO 9001:2000 Qualitätsmanagementsysteme - Anforderungen

DIN EN ISO 9004:2000 Qualitätsmanagementsysteme - Leitfaden zur Leistungsverbesserung

EQ ZERT, Auchertwiesenweg 5, D-89081 Ulm:

Praxisleitfaden – Qualitätsmanagement in kleinen und mittleren Unternehmen

Praxisleitfaden – Qualitätsmanagement in der Altenhilfe

Praxisleitfaden – Qualitätsmanagement im Krankenhaus

Praxisleitfaden Qualitätsverbesserung – Strategien & Werkzeuge

Praxisleitfaden – Umwelttechnologie für Umweltmanager

Praxisleitfaden – Umweltrecht für Umweltmanager

Weitere Praxisleitfäden sind in Vorbereitung